Guía completa del Malinois Belga

Tarah Schwartz

www.lpmedia.org

Datos de Publicación

Tarah Schwartz
Guía completa del Malinois Belga - Primera edición.
Resumen: "Crianza exitosa de un Pastor Belga Malinois desde cachorro hasta la vejez" —
Proporcionado por el editor.
ISBN: 978-1-961846-84-5
[1. Pastor Belga Malinois — No Ficción] I. Título.

Este libro ha sido escrito con la intención de proporcionar información precisa y
autorizada con respecto al tema incluido. Si bien se han tomado todas las precauciones
razonables en la preparación de este libro, el autor y el editor rechazan expresamente
cualquier responsabilidad por errores, omisiones o efectos adversos derivados del uso o
aplicación de la información contenida en su interior. Las técnicas y sugerencias deben
utilizarse a discreción del lector y no deben considerarse un sustituto de la atención
veterinaria profesional. Si sospechas que tu perro tiene un problema médico, consulta a
tu veterinario.

Diseño por Sorin Rădulescu
Primera edición en español, 2025

ÍNDICE

CAPÍTULO 1

La historia del Pastor Belga Malinois

Los orígenes del Pastor Belga Malinois

«La raza Malinois Belga solo está designada como raza independiente en los Estados Unidos. En el resto de los países, el Malinois es una variedad dentro de la raza Pastor Belga».

JANET WOLFF
Stahlrosenhof Intl K-9

C omo su nombre lo indica, el Pastor Belga variedad Malinois se desarrolló en Bélgica a finales del siglo XIX, como una de las cuatro variedades del Pastor Belga. Las otras tres son el Tervueren, el Laekenois y el Groenendael. En la mayoría de los países, incluyendo España y los países latinoamericanos que siguen las normas de la Federación Cinológica Internacional (FCI), las cuatro variedades se agrupan bajo el nombre "Pastor Belga" y se registran como una sola raza con cuatro variedades distintas. Solo en Estados Unidos, desde 1959, el Malinois se registra como raza separada. El nombre "Malinois" proviene de la ciudad de Malinas (Mechelen en flamenco), en el norte-centro de Bélgica, donde se originó esta variedad.

Las diferencias entre las distintas variedades de Pastor Belga son los tipos y colores de manto. El Malinois es una variedad de pelo corto que por lo general presenta algún tono de leonado con máscara negra. El Tervueren tiene pelo largo y su color varía desde el leonado hasta el caoba oscuro con máscara negra y puntas negras que se marcan más con la edad. El Groenendael es un perro de pelo largo completamente negro. Se aceptan puntas blancas en los dedos, pero no manchas grandes. El Laekenois tiene un manto áspero y rizado, y su color varía desde el leonado hasta el caoba o el rojizo, con algo de negro alrededor del hocico y la cola.

Aunque fueron desarrolladas originalmente para pastorear ganado, lo que más valoraban los criadores era su capacidad de trabajo, no su aspecto. Sin embargo, se decidió que era necesario desarrollar un estándar para guiar a los criadores hacia su perro ideal. En 1891, el veterinario belga Adolphe Reul reunió a un grupo de criadores y les recomendó que solo cruzaran sus perros con otros del mismo tipo de manto, sin importar el color. Casi todos los criadores estuvieron de acuerdo. Para el 3 de abril de 1892, se había formado el Club de Raza del Pastor Belga y se redactó el primer estándar detallado de la raza.

Foto cortesía de
Jacalyn Honeywell

En 1901, la Société Royale Saint-Hubert fue la primera organización en reconocer al Pastor Belga y la registró como una sola raza con cuatro variedades. Los primeros Pastores Belgas fueron también inscritos en el libro de orígenes ese mismo año, siendo el primer perro oficialmente registrado el Malinois Vos de Polders. Para 1910, el tipo y el temperamento del Pastor Belga ya estaban bastante bien definidos. Sin embargo, los criadores aún no se ponían de acuerdo sobre el tipo y color del manto.

Con la llegada de la Primera Guerra Mundial, la población de Pastores Belgas se redujo, y se hicieron esfuerzos para salvarla de la extinción. Se flexibilizaron los estándares para preservar la raza, permitiendo cruces entre las diferentes variedades. Esto hizo que en una misma camada pudieran nacer cachorros de diferentes variedades. En Europa, todavía hoy se siguen registrando según el tipo de pelaje, más allá de la variedad de los padres.

Reconocimiento internacional y desarrollo

En los países de habla hispana que forman parte de la FCI, como España, Argentina, México, Colombia y otros, el Pastor Belga se reconoce como una sola raza con cuatro variedades distintas. Esta clasificación unificada refleja la visión

Foto cortesía de
Jordan Cook

europea original de la raza, donde las diferencias de pelaje no justifican una separación en razas independientes.

El Malinois llegó a Estados Unidos a principios del siglo XX y fue reconocido por el American Kennel Club en 1911. Sin embargo, no fue hasta 1959 que se separaron oficialmente las variedades como razas distintas: El Malinois y el Tervueren mantuvieron sus nombres, el Groenendael pasó a llamarse Pastor Belga y el Laekenois quedó fuera del registro. Entre 1950 y 1965, el Malinois se exhibió en la Clase Miscelánea, luego fue trasladado al Grupo de Trabajo en 1965. La raza permaneció allí hasta 1983, cuando se decidió que el Grupo de Pastoreo era una categoría más apropiada para estos perros.

El Malinois en el ámbito militar y policial

La versatilidad de la raza y su alto impulso de trabajo llevaron a que el Malinois fuera utilizado en la Primera Guerra Mundial como mensajero de la Cruz Roja y asistente, tirando de carretas de ambulancia y carretas utilizadas para transportar armas de fuego y municiones. Hoy en día, el Malinois sigue trabajando junto a soldados y personal militar en todo el mundo.

Es la variedad preferida para operaciones militares por diversas razones, como su tamaño y valentía. Por ejemplo, son preferidos sobre los Pastores Alemanes en operaciones que involucran paracaidismo debido a que son más ligeros y más fáciles de sujetar a las espaldas de sus guías. Muchos Malinois están entrenados para saltar en paracaídas por sí mismos, lo que es ideal para aterrizajes en agua, ya que saltar por separado es más seguro tanto para el perro como para el guía. Su tamaño permite que el guía pueda levantarlo cuando sea necesario, pero sigue siendo lo suficientemente grande para poder controlar agresores humanos. Además, su pelaje corto y su coloración lo hacen menos propenso a sufrir golpes de calor.

Adopción en fuerzas policiales internacionales

La primera vez que se usó un Malinois en las fuerzas policiales de los Estados Unidos ocurrió en la ciudad de Nueva York en enero de 1908. En ese entonces, la raza era poco conocida en el país, y la Gaceta del AKC anunció la incorporación de cinco Pastores Belgas a la fuerza policial de la ciudad, marcando la primera mención oficial del Malinois en EE.UU.

En Europa y otros continentes, el Malinois se había establecido ya como una variedad excepcional para el trabajo policial y militar. En España, las fuerzas

Foto cortesía de David Bunney

de seguridad adoptaron tempranamente esta variedad del Pastor Belga, reconociendo sus capacidades superiores para el trabajo especializado. En países latinoamericanos, las unidades caninas de las fuerzas policiales y militares también han incorporado el Malinois debido a su versatilidad y resistencia al clima cálido.

Esta variedad del Pastor Belga es tan valorada en las fuerzas K-9 militares que el homenaje a los perros militares en Fayetteville, Carolina del Norte, presenta una estatua de bronce a tamaño real de un Malinois equipado y alerta, con las orejas erguidas y en posición sentada, listo para recibir órdenes. La estatua fue creada por la artista de Salt Lake City, Lena Toritch, como un homenaje a los perros K9 de Fuerzas de Operaciones Especiales que murieron en servicio. En la base de la estatua están los nombres de cada perro fallecido, junto al año y el lugar de la misión.

Uno de los Malinois más famosos es Cairo, quien desempeñó un papel crucial junto al Equipo SEAL Six en la captura del terrorista Osama Bin Laden en 2011. Este héroe canino fue llevado a la misión para detectar explosivos y proteger a su equipo de enemigos. Más tarde, la revista Time le otorgó el premio "Animal del Año". Tras su retiro, vivió cómodamente con la familia de su guía y, según cuentan, hasta ayudaba con las compras.

Los Malinois también se utilizan como perros anti-caza furtiva en parques de vida silvestre en toda África. Rastrean y detienen a cazadores ilegales que cazan animales en peligro de extinción dentro de los límites del parque. En el Parque Nacional Kruger, los empleados afirman que en aproximadamente un año, los perros fueron responsables de alrededor de 168 de 200 arrestos. Un Malinois empleado por el parque, Killer, estuvo involucrado en los arrestos de más de 100 cazadores furtivos. Fue galardonado por sus esfuerzos con la Medalla de Oro del Dispensario Popular para Animales Enfermos (PDSA, por sus siglas en inglés).

Los guardaparques dicen que estos perros han cambiado por completo la lucha contra la caza furtiva.

El Malinois moderno

El Malinois actual es una variedad versátil que sobresale en casi todos los deportes caninos que te puedas imaginar. Gracias a diferentes líneas de cría, esta variedad puede tener éxito en una amplia variedad de disciplinas deportivas y, al mismo tiempo, ser un compañero familiar muy popular. Estos perros son ideales para familias activas y aquellos interesados en competir en deportes caninos modernos. La variedad es especialmente conocida por su éxito en deportes de protección, como el Ring Francés y el IPO, pero también ha obtenido títulos en competiciones de obediencia, agilidad, salto al agua, pastoreo y trucos.

Aunque el Malinois es una elección popular tanto para competidores como para familias, sigue manteniendo una natural desconfianza hacia los extraños y protegerá a su familia de cualquier amenaza. Esta desconfianza es común en muchas razas de pastoreo, pero puede resultar en problemas de comportamiento si no se realiza un entrenamiento y socialización adecuados. Además, algunas líneas de Malinois poseen un fuerte instinto de presa y un nivel de energía muy alto, lo que puede resultar en un perro difícil de manejar para dueños sin experiencia. Sin embargo, en las manos adecuadas, esta variedad del Pastor Belga es un compañero cariñoso, leal y juguetón.

CAPÍTULO 2
El Malinois

"Si un Pastor Alemán es una camioneta familiar, entonces un Malinois es un Corvette. Les gusta correr, estar contigo, practicar agilidad, trabajo de olfato y protección. La clave para aprovechar sus habilidades es una comunicación y dirección claras, todo basado en el vínculo que tienen contigo. Con el Malinois, el VÍNCULO lo es todo".

ANTHONY RICHLING
Liberty Dog Camp o Liberty K9

Foto cortesía de
Susie Williamson
Merson Belgian Malinois

Características físicas

E l estándar de la Federación Cinológica Internacional (FCI) describe al Malinois como un perro bien equilibrado y de estructura cuadrada. Es una raza de tamaño mediano a grande con una apariencia fuerte y ágil. Hay diferencias notables entre machos y hembras: los machos suelen verse más robustos y masculinos, mientras que las hembras muestran una apariencia más fina y femenina. Los machos suelen medir entre 60 y 66 cm de altura, mientras que las hembras entre 56 y 61 cm. En exposiciones oficiales, se descalifica a los machos que midan menos de 58 cm o más de 68 cm. Esta regla también se aplica a las hembras por debajo de 53 centímetros o por encima de 63 centímetros. En cuanto al peso, en la madurez la raza suele pesar entre 25 y 34 kilogramos, siendo las hembras más ligeras que los machos. La estructura ósea debe ser fuerte y robusta, pero sin llegar a ser pesada y voluminosa ni demasiado delgada y frágil.

La cabeza debe estar proporcionada con el cuerpo. Los ojos son marrones, de tamaño mediano y forma almendrada, con expresión alerta, inteligente y activa. Los bordes de los ojos deben ser siempre negros. Las orejas, en forma de triángulo equilátero, son rígidas, erectas y bien proporcionadas al tamaño del cráneo. Las orejas caídas o semi erectas son motivo de descalificación en las exposiciones. El hocico es puntiagudo, pero no demasiado fino, y de igual longitud que el cráneo. Las mandíbulas son fuertes, con mordida en tijera o nivelada. Los labios siempre deben estar apretados y de color negro, sin mostrar zonas rosadas. Se consideran faltas las mordidas prognatas y enognatas, al igual que la ausencia de dientes.

El cuello debe ser lo suficientemente largo como para permitir que el perro lleve la cabeza en alto y debe unirse de forma armoniosa con la línea superior del lomo. El cuerpo debe parecer poderoso sin ser voluminoso. El pecho es profundo, pero no ancho, y llega hasta los codos. Las patas delanteras son musculosas, paralelas, redondeadas y compactas, parecidas a las de un gato. Pueden o no tener espolones. Las uñas deben ser siempre negras excepto en los dedos que tengan puntas blancas. Los cuartos traseros deben estar en equilibrio con los delanteros y de igual fuerza. Las patas traseras deben estar bien anguladas, pero sin parecerse a un Pastor Alemán; deben ser paralelas y proporcionadas al tamaño general del perro. Para las exposiciones de conformación, se debe eliminar cualquier espolón trasero.

El pelaje debe ser corto, recto y resistente a la intemperie. Debe presentar una capa interna densa. El pelo en la cabeza, orejas y parte inferior de las patas es más corto que el pelo que cubre la mayor parte del cuerpo. Alrededor del cuello, y en la cola y parte posterior de los muslos, se permite que el pelo sea algo más largo, pero sin exagerar. El color del pelaje puede variar desde un leonado intenso hasta un caoba oscuro con máscara y orejas negras. Las partes inferiores pueden ser de un tono más claro, pero si el cuerpo entero presenta un color demasiado claro, se considera una falta. Se permiten puntas de dedos blancos, así como una pequeña mancha blanca en el pecho, pero no se permiten otras marcas. Aunque el color es importante para la raza, en exposiciones se prioriza el temperamento y la estructura.

El movimiento debe ser suelto y fluido, con las patas delanteras y traseras dirigiéndose hacia el centro de gravedad. La línea superior debe permanecer siempre firme y nivelada. Los Malinois tienen una marcada tendencia a moverse en círculos en lugar de en línea recta si se les da la oportunidad. Esta raza es conocida por su alta energía y resistencia, por lo que su andar refleja esa vitalidad inagotable.

Características de comportamiento

"Como con cualquier raza, existe un espectro de temperamentos dentro de la raza Malinois. Esto es más evidente en las líneas de trabajo. Las diferencias dependen de muchos factores: linaje, país de origen, influencia deportiva, tipo de pedigrí (x-Malinois vs. Malinois FCI), objetivo del criador, etc. Dicho esto, no existe un estilo de vida único para todos los Malinois, ni un Malinois para todos los estilos de vida. En general, necesitan una familia activa, con alguien dispuesto a entrenar y ejercitar al perro de forma regular ".

MARK ROTH JR.
BlackJack Malinois

Una de las características más impresionantes del Malinois es su inteligencia. En un estudio realizado por el reconocido conductista Stanley Coren, esta variedad del Pastor Belga ocupa el puesto 26 entre 138 razas en su ranking de inteligencia canina. Esta clasificación calificó a la raza como excelentes perros de trabajo que entienden nuevas órdenes después de menos de quince repeticiones y obedecen la primera orden más del 85% de las veces. El estudio de Coren define tres aspectos de la inteligencia canina: instintiva, adaptativa y de trabajo/obediencia. Estos tres aspectos se refieren a la capacidad de un perro para realizar las tareas para las que fue criado, resolver problemas por sí mismo y aprender de los humanos. Como lo demuestra este estudio, el Malinois es una raza inteligente y altamente entrenable.

Debe ser un perro confiado, incluso cuando está inseguro. Si está bien entrenado y socializado, no tiene por qué ser tímido o agresivo. De hecho, su

*Foto cortesía de
Edgar Frias Carrasco*

temperamento estable es tan importante que cualquier comportamiento temeroso o agresivo es penalizado de manera severa en las exposiciones.

El Malinois también es conocido por su fuerte deseo de trabajar. Es de alta energía, así que no estará contento sentado en el sofá todo el día. Muchos dueños experimentados los han descrito como "inagotables". Sin embargo, es importante señalar que los niveles de energía pueden variar según la línea de sangre.

El Malinois Belga como perro de familia

"El Malinois Belga es más adecuado para una familia activa, una que participe en algún tipo de deporte o actividad, como Schutzhund, búsqueda y rescate, frisbee, agilidad, salto al agua, pastoreo, senderismo... o que esté muy comprometida con mantenerlo activo, jugando a la pelota, dando largos paseos varias veces al día, montando en bicicleta, cualquier cosa para mantener la mente del perro activa. Un Malinois aburrido suele ser un Malinois destructivo".

BETH ROOD
Roodhaus Belgian Malinois

El Malinois es leal y afectuoso, y puede ser un gran compañero para cualquier familia, siempre y cuando reciba el entrenamiento, ejercicio y atención que necesita. Tanto a los niños como a los perros se les debe enseñar cómo comportarse unos con otros. Lo mismo pasa si viven con otras mascotas o animales. Muchos Malinois pueden tener un instinto de presa, pero si están bien socializados, pueden convivir perfectamente con otros animales. Siempre que haya respeto mutuo y buena socialización y entrenamiento continuos, puede vivir sin problemas en cualquier entorno familiar.

Son naturalmente protectores y pueden ser reservados con extraños. Son amigables y cariñosos con sus familias y aquellos que conocen bien, pero es poco probable que corran a saludar a un desconocido como lo haría un Labrador. Prefieren observar primero y luego decidir. Por eso, necesitan socialización constante para entender que no todo extraño representa una amenaza. No significa que sean agresivos: solo quieren proteger a su familia y solo actuarán si sienten que no tienen otra opción.

No son perros para pasear solo los fines de semana ni para dejar solos en el patio esperando que se entretengan. Aman pasar tiempo con sus familias, y un entorno negligente o la falta de ejercicio resultará en problemas de comportamiento.

Si tienes niños pequeños, quizás deberías esperar para llevar a casa un Malinois. Aunque la mayoría nunca lastimarían a un niño de manera intencional, pueden ser demasiado intensos y los podrían tumbar sin querer. Siempre hay que supervisar las interacciones con niños, sin importar la edad.

Son excelentes compañeros para caminatas, ciclismo, carreras o incluso natación. Si es una actividad donde puede pasar tiempo con la familia, tu Malinois estará súper contento. Cuanto más activa sea tu familia, más alegre y entrenable será. Recuerda, ¡un perro cansado es un perro feliz!

El Malinois como perro de trabajo

Si estás buscando un perro para trabajo o deportes caninos, el Malinois puede ser tu compañero ideal. Su energía e inteligencia lo hacen destacar en muchísimas disciplinas. De hecho, los deportes caninos son una excelente manera de asegurarte de que tu Malinois obtenga el ejercicio físico y mental que necesita cada día.

Son especialmente buenos en deportes de protección como IPO/VPG, Ring Francés y Mondio Ring. (En el Capítulo 13 encontrarás más información sobre cada uno de estos deportes, sus requisitos y títulos posibles). Estos deportes combinan trabajo de mordida, obediencia e, incluso, rastreo. La mayor parte

*Foto cortesía de
Kaylin Hall*

Foto cortesía de
Dionne Cancino

se realiza sin correa, por lo que el perro debe escuchar y seguir cada orden de su guía. Para triunfar en los deportes de protección, un perro debe ser atlético, valiente, y tener buena concentración. Por eso, los Malinois son los más elegidos por los competidores.

También sobresalen en obediencia, agilidad, work de olfato, canicross, treibball o incluso tiro de peso. Su físico, velocidad e inteligencia los hace altamente competitivos en todo. El treibball es una excelente forma de canalizar su instinto natural de pastoreo sin necesidad de ovejas. Y si lo tuyo son las exposiciones de belleza, también es una opción, aunque requiere más enfoque mental que físico.

Es una raza versátil, pero es importante saber que algunas líneas genéticas están más orientadas a ciertos deportes. Por ejemplo, un perro criado para el pastoreo puede no tener la determinación necesaria para los deportes de protección, y viceversa. Elegir el perro adecuado depende de tus objetivos.

Advertencia para dueños inexpertos

Aunque el Malinois es un perro hermoso, atlético y capaz, no es para cualquiera. Especialmente no es recomendable para dueños primerizos o familias sin experiencia con razas de alta energía. Esto aplica aún más si se trata de perros de líneas de trabajo, que necesitan mucho ejercicio físico y mental. Un Malinois necesita actividad todos los días, sin excepción. No importa si tuviste un día largo o estás cansado: él va a necesitar su paseo, entrenamiento o tiempo de juego. Si no lo tiene, empezarán los problemas: comportamientos destructivos como masticar, cavar o hacer sus necesidades en la casa, también ladridos excesivos, intentos de escape o incluso agresión. Tienen una ética de trabajo altísima y no se toman días libres.

Si estás pensando en tener uno, es importante que investigues líneas de sangre que se adapten a tus necesidades y te comuniques con criadores responsables. Encontrar el perro adecuado para tu estilo de vida es necesario para poder establecer un buen vínculo. Por supuesto, esto no siempre es posible con perros de rescate, pero sigue siendo vital saber qué tipo de perro estás adoptando para no encontrarte con más de lo que puedes manejar.

CAPÍTULO 3
Dónde encontrar tu Malinois

"Si estás considerando llevar un Malinois a casa, debes visitar o hablar con tantos criadores y rescatistas como sea posible. Acércate a camadas y perros adultos antes tomar una decisión. La Federación Cinológica Internacional también patrocina eventos de 'Conoce la Raza', o busca exhibiciones de rendimiento por tu ciudad, o clubes de adiestramiento y habla con personas sobre la raza. Obten algo de experiencia práctica antes de llevar a casa un cachorro o perro adulto."

JANET WOLFF
Stahlrosenhof Intl K-9

¿Adoptar un perro adulto o un cachorro?

Antes de comenzar tu búsqueda de un Malinois, deberás decidir si preferirías llevar a casa un cachorro o un perro adulto. Ambas opciones tienen ventajas y desventajas, pero necesitarás considerar tus opciones para poder tomar la decisión correcta para ti y tu familia.

Lo más importante es que deberás saber el propósito de tu nuevo perro. ¿Estás buscando un perro de competición o exposición, o un compañero familiar activo? Si estás interesado en competir con tu nuevo Malinois Belga en deportes específicos, puedes preferir un cachorro para poder adiestrarlo a tu manera. Sin embargo, si solo estás buscando un nuevo miembro para la familia o un perro con algo de adiestramiento, un adulto podría adaptarse mejor a tu hogar. Ya sea que te hayas comprometido a comprar a un criador o adoptar de un refugio, deberías poder encontrar tanto cachorros como adultos. Los criadores a menudo tienen perros de exposición o reproducción retirados que necesitan un nuevo hogar, mientras que los refugios reciben cachorros con bastante frecuencia.

Además de poder adiestrar a un cachorro tú mismo, también tienes la ventaja de llevar a casa un perro sin problemas de comportamiento, estrás comenzando con una pizarra en blanco. No tendrás que lidiar con problemas que se haya desarrollado en hogares anteriores. Podrás socializarlo de la manera que desees para asegurarte de que se lleve bien con todos los miembros de la familia, humanos o mascotas. Además, al elegir un cachorro sabes que ha sido criado específicamente

15

para lo que quieres hacer con él. Por ejemplo, puedes elegir un cachorro de un criador reconocido por su éxito en el ring de conformación o un criador que ha ganado numerosos títulos en deportes de protección.

Sin embargo, llevar un cachorro a casa es una gran responsabilidad. Tendrás que lidiar con el entrenamiento para hacer sus necesidades, la dentición y el adiestramiento desde cero. Esto significa que cualquier problema de comportamiento que se desarrolle será tu responsabilidad. Deberás asegurarte de socializarlo bien desde el principio, y de que esté protegido si aún no ha recibido todas sus vacunas. Un cachorro de Malinois Belga requiere mucho trabajo, así que tú y tu familia deben estar preparados para este compromiso.

Si un cachorro te parece mucho trabajo, podrías llevar a casa un adulto. Con los perros adultos, no tienes que lidiar con la dentición y es probable que ya haya sido entrenado para hacer sus necesidades. Incluso puede que ya conozca

Foto cortesía de
Chynna Crawford

Foto cortesía de
Nyla and Patrick Dodds

algunos comandos, así como las reglas básicas de vivir en una casa. También podrás pasar directamente al entrenamiento deportivo o actividades atléticas, ya que, como pasó la etapa de desarrollo, no hay riesgo de lesiones.

Esto no significa que no enfrentarás desafíos. Aunque muchos están bien adiestrados, otros pudieron haber tenido malas experiencias en un hogar anterior, o no haber sido entrenado para hacer sus necesidades, lo que podría resultar en problemas de comportamiento. Es importante averiguar por qué necesita un nuevo hogar, ya que podría actuar de manera agresiva hacia gatos o niños. Entrenar a un perro adulto para hacer sus necesidades puede ser algo difícil, porque lo estarás reeducando en lugar de enseñarle algo nuevo. Antes de llevar a casa tu nuevo Malinois Belga, trata de imaginar a tu perro ideal, para tener una mejor idea de lo que estás buscando y dónde encontrarlo.

Comprar a un criador vs. adoptar

Si ya decidiste que vas a llevar a casa un cachorro o un Malinois adulto, necesitarás decidir dónde lo planeas adoptar. De nuevo, conocer la razón detrás de tu deseo te ayudará a tomar una decisión. Si estás planeando competir en los niveles más altos de deportes caninos, probablemente querrás adoptar un perro de un criador que esté familiarizado con esos deportes. Eso no quiere decir que uno de refugio no pueda ser exitoso en competencias, pero aumentarás las probabilidades a tu favor. Por otro lado, si solo estás buscando un miembro de la familia activo y afectuoso, puede elegir entre encontrar el criador adecuado o adoptar de un refugio u organización de rescate. No importa de dónde elijas a tu Malinois, solo debes saber si quieres un adulto o un cachorro.

Uno de los beneficios de comprar es el reconocimiento y la experiencia del criador con la raza. Un criador responsable no solo producirá perros sanos y de alta calidad, sino que también estará al tanto de los problemas de salud y comportamiento típicos de la raza. Estarán dispuestos a brindar apoyo durante toda la vida del perro, desde responder cualquier pregunta hasta ser tu mentor en deportes caninos. Además, conocen sus líneas de sangre y de lo que son capaces, lo cual es súper importante si tienes la intención de exhibir o competir con tu nuevo perro.

Sin embargo, también hay algunas desventajas al comprar. El precio de compra será mucho más alto que la tarifa de adopción en una organización de rescate. Además, serás responsable de los gastos veterinarios iniciales para vacunas, desparasitación y esterilización o castración. También, al comprar no tendrás esa sensación de satisfacción que sientes cuando rescatas a un perro y sabes que le estás dando la oportunidad de una vida mejor.

Como se mencionó, adoptar de un refugio u organización de rescate representa tarifas de adopción más bajas, y la ventaja de que el perro ya está vacunado y esterilizado o castrado. Sin embargo, es importante entender que hay perros que terminan en refugios por otras razones además de que su familia ya no pueda mantenerlos: algunos han sido descuidados, maltratados o tienen problemas de salud o comportamiento difíciles. Por supuesto, esto no sucede con todos, pero es importante tenerlo en cuenta.

Rescatar un Malinois

Si planeas adoptar a tu Malinois de un refugio u organización de rescate, es crucial que sepas lo que está buscando. También debes decidir cuáles son tus límites, como si estarías dispuesto a aceptar un perro con necesidades especiales. La mayoría de los problemas de comportamiento pueden superarse con paciencia y adiestramiento, y muchos condiciones de salud pueden manejarse con la atención veterinaria adecuada. Sin embargo, si tienes otras mascotas o niños en tu hogar, es posible que no estés dispuesto a convivir con un perro que tiene un historial de comportamiento agresivo. Por otro lado, si vives en el tipo de hogar adecuado, este puede ser exactamente el desafío que estás buscando.

Si tienes niños u otras mascotas, no solo necesitarás aclarárselo al personal de rescate, sino que deberás presentarlos a cualquier perro que estés considerando adoptar. Por lo general, el refugio requiere una presentación antes de la adopción en sí. Este requisito es tanto para la seguridad del perro como para la de tu familia.

Algunas organizaciones de rescate también pueden exigir una visita a tu casa antes de que te lo lleves. Esto consiste en que un voluntario o miembro del personal visite tu hogar para asegurarse de que sea un entorno seguro. Verificarán que tu patio esté cercado y que no haya riesgos para cualquier mascota. A menudo, si encuentran problemas menores, como un agujero en la cerca, te dan la posibilidad de arreglarlo. Puede ser estresante que alguien vaya a examinar tu casa, pero tranquilo, no van para criticar tu decoración, solo están asegurándose de que sea seguro para tu Malinois.

Preguntas que debes hacer antes de llevar un Malinois a casa

Cuantas más preguntas hagas, más seguro estarás de que estás llevando a casa el perro adecuado para tu familia y tu estilo de vida. Asegúrate de hacer todas las preguntas sobre su historial y su estado de salud, dependiendo su edad. Algunas pueden ser más apropiadas para perros provenientes de criadores, mientras que otras son más adecuadas para perros que se adoptan de un refugio o rescate. Aquí hay una lista según la edad:

Al adoptar un perro adulto

- ¿Cómo se lleva con otros perros?
- ¿Ha recibido todas las vacunas necesarias?
- ¿Está esterilizado o castrado?
- ¿Es amigable con los niños?
- ¿Tiene algún problema de salud o comportamiento?
- ¿Muestra agresión por comida o protección de recursos?
- ¿Ha sido presentado a gatos, caballos u otras mascotas?
- ¿Se lleva bien con otros perros?
- ¿Qué comandos conoce?
- ¿Qué tipo de alimento está comiendo?
- Después de describir mi ideal, ¿es este perro una buena opción?

Foto cortesía de
Susie Williamson
Merson Belgian Malinois

Al adoptar un cachorro

- ¿Se han realizado pruebas de salud a los padres?
- Si es así, ¿puedo ver los resultados?
- ¿Qué vacunas ha recibido?
- ¿Puede ser registrado en la FCI u otro club canino?
- ¿Cómo es su personalidad hasta ahora?
- ¿Qué probabilidades tiene de ser bueno en el deporte de mi elección?
- ¿Han competido sus padres en el deporte de mi elección?
- ¿Qué tipo de alimento ha estado comiendo?
- Después de describir mi ideal, ¿es este cachorro una buena opción?

Elegir un criador responsable

"Pregunta sobre los padres de los cachorros: ¿Son líneas de exposición o de trabajo? Pregunta también sobre sus abuelos. Trata de obtener la mayor cantidad de antecedentes posible si vas a un refugio. Incluso dentro de la raza misma, algunas líneas son mucho más 'enérgicas' que otras. No te guíes por la apariencia."

ANTHONY RICHLING
Liberty Dog Camp o Liberty K9

Puede ser un desafío conectar con el criador adecuado, pero hay muchos recursos para ayudarte a encontrar el perro de tus sueños. Es esencial que investigues a los criadores y encuentres uno respetable en lugar de comprar el primer cachorro que encuentres. Esto te asegurará que estás obteniendo el cachorro más saludable posible con la mejor oportunidad de éxito, ya sea en el ring de exposición o en casa.

Asiste a exposiciones o competiciones caninas, o contáctate con clubes de deportes. Los competidores y miembros están felices de hablar sobre sus perros y de dónde provienen. Esto también te dará la oportunidad de ver qué tipo de perros está produciendo un criador y decidir si crees que serían ideales para ti. Las personas que están activamente involucradas en la raza también pueden ayudarte a evitar criadores menos respetables.

Si vives en una zona más alejada, también puedes buscar por internet. Como con todo, es importante examinar cuidadosamente la información que lees y no tomar todo al pie de la letra. Un criador amateur puede tener un sitio web más llamativo que uno de los mejores criadores del país, pero debes evitarlos. La mayoría de los criadores responsables mantienen sus sitios actualizados con registros de rendimiento, resultados de pruebas de salud, fotos e información sobre la próxima camada, como así también sus datos de contacto (teléfono o e-mail).

*Foto cortesía de
Rachel Oscherwitz*

Los criadores respetables nunca tendrán nada que ocultar. La mayoría estarán encantados de hablar sobre sus perros en profundidad y querrán saber todo sobre ti. Preferirían guiarte hacia el perro adecuado según tus preferencias que presionarte para que te lleves uno de los cachorros que les quedan. La mayoría también te invitarán a que conozcas sus razas, a menos que tengan cachorros y deban limitar su exposición a cualquier posible infección externa. Sin embargo, si sospechas que no te está diciendo la verdad, o está tratando de ocultar algo, deberías seguir buscando.

Contratos y garantías

Por lo general, los criadores responsables requerirán que firmes un contrato, el cual contiene una garantía de salud que asegura que el cachorro está en perfecta salud el día que deja el hogar del criador. También puede indicar qué vacunas ha recibido y qué pruebas de salud se han realizado a los padres.

Este contrato protegerá a ambos, a ti y al criador, en caso de que algo salga mal con la compra. Al firmar estás aceptando los términos de adopción: esterilización o castración a una edad apropiada, atención veterinaria adecuada, devolverlo al criador en caso de que ya no puedas cuidarlo o, en algunos casos, una alimentación especifica.

Recuerda, el contrato es un documento legalmente vinculante, por lo que debes leerlo detenidamente antes de firmarlo. Si tienes alguna pregunta o inquietud, asegúrate de discutirlas. Algunos criadores pueden estar dispuestos a cambiar algunas cláusulas bajo ciertas circunstancias, pero firma sólo si estás de acuerdo con todo.

Pruebas de salud y certificaciones

"Cuando compres un Malinois a un criadorpide referencias de dueños anteriores. También verifica los perros del criador en el sitio web de la Fundación Ortopédica para Animales - www.ofa.org - para asegurarte de que sus perros reproductores tengan caderas, codos y ojos sanos. Si un criador pone excusas o se resiste a responder las preguntas de salud, ¡despídete y busca otro criador!"

SUSIE WILLIAMSON
Merson Belgian Malinois

Los criadores responsables siempre están tratando de mejorar su raza con cada generación. Para lograr esto, implementan prácticas de cría estrictas y solo los perros que tienen resultados satisfactorios en todas las pruebas de salud pueden reproducirse, y así limitar los problemas de salud en las generaciones futuras. La organización que evalúa a los perros reproductores es la Fundación Ortopédica para Animales (OFA, por sus siglas en inglés).

La OFA es una de las organizaciones líderes en investigación genética canina. Su base de datos contiene resultados de miles de perros de casi todas las razas reconocidas. Los criadores y propietarios pueden hacer que sus perros sean evaluados por veterinarios o laboratorios y enviar los resultados a la OFA para su examen por un precio estipulado. La mayoría de las pruebas requieren que el perro tenga al menos 12 meses, pero algunas se realizan a una edad más joven o mayor. El sitio web de la OFA tiene una lista de pruebas recomendadas para cada raza y a qué edad deben realizarse.

Para el Malinois, la OFA recomienda pruebas tanto para displasia de cadera como de codo, y deben tener al menos 24 meses. También se deben someter a un examen ocular anual por un oftalmólogo certificado por el Colegio Americano de Oftalmólogos Veterinarios. Además, deben ser identificados mediante un microchip o tatuaje. Una vez que se cumplen todos estos requisitos, los resultados se envían al Centro de Información de Salud Canina (CHIC, por sus siglas en inglés) de la OFA y se ponen a disposición del público en su sitio web.

Adoptar un perro adulto

Muchos perros adultos se encuentran en un entorno de rescate o refugio porque quizás su dueño falleció o su familia ya no puede mantenerlo. Sin embargo, algunos pueden haber sido entregados por razones de comportamiento, como agresión hacia otra mascota. Es importante conocer al perro antes de llevarlo a casa. Cuanto más sepas sobre él, mejor preparado estarás en el caso de que haya algún tipo de problema.

Es importante considerar que, a menos que estés adoptando un perro que ha estado en un hogar de acogida, su personalidad en un entorno de refugio puede ser diferente a la de un entorno hogareño. Los refugios son ruidosos, caóticos y estresantes, lo que puede afectar su conducta: puede parecer tímido o ladrar en exceso. En estas situaciones, es posible que no puedas conocer bien al perro hasta que lo lleve a casa y pases más tiempo con él.

Del mismo modo, también puedes descubrir que a medida que se siente más cómodo en casa, empieza a tener mal comportamiento. El estrés de cambiar de entorno a veces puede hacer que los perros se cierren, pero eventualmente saldrán de su caparazón y se darán cuenta de que no serán trasladados a un nuevo hogar o refugio. Es crucial que todos estén preparados para lidiar con cualquier comportamiento inesperado. Recuerda, esta también es una nueva experiencia para tu Malinois.

Cómo elegir tu perro ideal

"Busca un perro con el temperamento, personalidad y nivel de energía que se adapte a tu situación. Si eres más hogareño, no querrás que tenga mucho impulso y alta energía, sino que sea tranquilo y tenga lo que llamamos un 'interruptor de apagado', es decir, que sepa cómo relajarse y descansar en la casa. Si eres una persona de alta energía que siempre está en movimiento, te gusta correr o andar en bicicleta, tienes los fines de semana y las noches libres, probablemente serías una buena opción para ese perro de alta energía que necesita a alguien con quien correr y jugar a la pelota, y hacer actividades por las noches y los fines de semana."

BETH ROOD
Roodhaus Belgian Malinois

Al elegir tu Malinois ideal, es importante que te centres más en el temperamento y la capacidad atlética que en su apariencia. Si bien puede ser fácil dejarse llevar por su belleza elegante y majestuosa, elegir un perro que sea adecuado para ti y tu estilo de vida es aún más importante.

Puede ser útil hacer una lista de tus rasgos ideales antes de comenzar la búsqueda. Si sabes qué tipo de personalidad estás buscando, será menos probable que te deje llevar por cómo luce cuando se te presente una camada de adorables cachorros. ¿Quieres un perro extrovertido o uno más reservado? ¿Estás buscando un futuro atleta o estrella del ring de exposición? Cuanto más a fondo consideres tu perro ideal, mejor podrás explicarle al criador o al personal del refugio lo que estás buscando.

Además, siempre debes escuchar la opinión del criador o del personal de rescate: ellos conocen a sus perros mejor que nadie. Por lo general, tienen años de experiencia emparejando a los perros adecuados con las familias adecuadas.

Por último, debes escuchar tus instintos. Si tiene dudas, tómate un tiempo para pensarlo antes de comprometerte. Puede suceder que te sientas presionado para aceptar un perro cuando está enfrente tuyo y tus hijos están suplicando, pero llevar un Malinois a casa es una gran responsabilidad, por lo que debes estar cien por ciento seguro de que estás tomando la decisión correcta. La mayoría de los criadores y organizaciones de rescate o refugios estarán encantados de que te detengas a considerarlo, ya que quieren lo mejor para los perros bajo su cuidado.

CAPÍTULO 4
Preparando a tu Familia para un Malinois

"No basta con que una familia sea activa. Todos los miembros deben estar dispuestos a participar en el cuidado y entrenamiento del perro. Además de estimulación mental, hay que ofrecerle diferentes actividades para que gaste toda su energía."

JANET WOLFF
Stahlrosenhof Intl K-9

Antes de llevar a tu nuevo Malinois Belga a casa, necesitas tener en cuenta el costo anual de tener un perro. Si estás viviendo con un presupuesto ajustado, quizás sea mejor posponer la decisión. En la mayoría de los casos, tener un perro es posible, pero requiere planificación y preparación.

Uno de los primeros gastos que enfrentarás es la tarifa de adopción o el precio de compra. Si vas a adoptar a tu Malinois de un refugio o una organización de rescate, probablemente te pidan pagar una tarifa, que oscila entre 50 y 450 euros o más, dependiendo del área donde vives y la organización de la que estás adoptando. Esta tarifa por lo general incluye la castración o esterilización, así como las vacunas básicas, lo cual ayuda a cubrir esos gastos iniciales.

Si decides comprar un Malinois a un criador, el costo inicial será mucho más alto. El precio promedio ronda los 1.100 euros, pero si el criador es reconocido puede costar subir a 3.500 euros. Si los padres del cachorro tienen líneas de sangre destacadas o títulos deportivos pueden incluso costar más de 9.000 euros. El precio dependerá de factores como las pruebas de salud, los registros de rendimiento de los padres y el potencial del cachorro. A diferencia de los perros de refugio, este costo no incluye las vacunas y la esterilización o castración. Es posible que los cachorros tengan una primera ronda de vacunas y desparasitación, pero si es un perro adulto, pueden tener más completo su historial médico.

Aunque estos precios pueden parecer altos, lo cierto es que el costo inicial será lo menos importante a largo plazo. Los suministros y la atención veterinaria de rutina no son opcionales, y los costos se acumulan más rápido de lo que imaginas. Dependiendo de dónde vivas y la calidad de los productos que elijas, podrías gastar entre 1.065 y 3.810 euros o más solo en el primer año.

A continuación, verás un desglose de los costos que podrías enfrentar en ese primer año como dueño de un Malinois:

Gastos obligatorios_Costo estimado	
Comida	€ 300 - € 900
Platos de comida y agua	€ 10 - € 50
Premios	€ 50 - € 150
Juguetes	€ 20 - € 100
Collares y correas	€ 10 - € 100
Transportadora	€ 50 - € 200
Camas para perro	€ 50 - € 350
Vacunas y atención veterinaria de rutina	€ 150 - € 500
Prueba de dirofilariosis	€ 10 - € 35
Prevención contra la dirofilariosis	€ 25 - € 125
Prevención contra pulgas y garrapatas	€ 40 - € 200
Estirilización o castración	€ 150 - € 600
Clases para cahorros	€ 200 - € 500
Total	**€ 1,065 - € 3,810**

Desafortunadamente, esos no son los únicos gastos que tendrás que considerar. Aunque los Malinois Belga no necesitan tanto mantenimiento en cuanto al cuidado del pelaje, sí deberías incluir en tu presupuesto los servicios de peluquería, a menos que planees encargarte tú mismo del acicalado. Los precios pueden variar según donde vivas, pero normalmente gastarás entre 35 y 70 euros cada vez que lleves a tu perro al peluquero canino.

A menos que tengas pensado llevar a tu Malinois contigo cuando viajes, también deberás tener en cuenta el costo de un cuidador de mascotas o una residencia canina. De nuevo, el precio variará según tu zona y el tipo de servicio que contrates, pero puede superar fácilmente los 50 euros por día. Por supuesto, la mejor opción es contar con la ayuda de amigos y familiares que amen a los perros y puedan cuidar de tu Malinois mientras estás fuera.

El costo más significativo que podrías enfrentar como dueño de un perro son los servicios veterinarios de emergencia. Por supuesto que harás todo lo posible para mantener a tu Malinois sano y feliz, pero los accidentes pasan, y pueden pasarle a cualquiera. La atención de emergencia puede variar desde unos pocos cientos de euros para procedimientos menores hasta varios miles si se trata de una cirugía o una hospitalización. Aunque contratar un seguro para mascotas es una buena opción, muchas personas optan por reservar dinero regularmente para tener un fondo destinado a emergencias.

Gastos posibles_Costo estimado	
Peluquería	€ 100 - € 500+
Servicios veterinarios de emergencia	€ 200 - € 2000+
Cuidador de mascotas o pensión canina	€ 15 - € 80+ per day

Es importante aclarar que esta sección no busca asustarte ni hacerte cambiar de opinión sobre tener un Malinois. Lo que pretende es ayudarte a estar preparado para la posible carga económica que implica tener un perro. Traer un animal a casa es una gran responsabilidad y no debería tomarse a la ligera. Pero con buena planificación y un presupuesto realista, podrás ofrecerle a tu Malinois el mejor cuidado posible sin que eso afecte tus finanzas más de la cuenta.

Preparar a los niños

Antes de comprometerte a llevar un Malinois a casa, es importante que te sientes con tus hijos y hables sobre la llegada del nuevo integrante de la familia. Aunque puede parecer tentador sorprenderlos con un adorable cachorro, será mejor que estén preparados. Pueden emocionarse demasiado en el momento y abrumar o asustar al cachorro sin querer. Y un perro asustado puede reaccionar mal, incluso llegar a morder, así que es mejor evitar este tipo de situaciones desde el principio.

Primero, hay que explicarles cómo interactuar con un nuevo perro. Independientemente de si está trayendo a casa un adulto o un cachorro, es esencial que los niños permanezcan tranquilos a su alrededor. Si se exaltan mucho en los primeros encuentros, podrían echar a perder ese primer vinculo. Mejor, pídeles que se sienten o se queden quietos y permitan que el perro se les acerque. Anímalos a dejar que el perro los olfatee antes de intentar acariciarlo. Si es un cachorro, puede ser buena idea que los niños se sienten en el suelo, así no están por encima del perro y este se sentirá mucho más seguro. Lo más importante: nunca permitas que los niños carguen al cachorro. Incluso una caída desde los brazos de un niño puede ser suficiente para causarle una lesión grave.

Foto cortesía de Anne-Marie Stoltz

Si tus hijos tienen la edad suficiente, también podrían querer discutir sus responsabilidades con el nuevo perro. Si piensas en asignarles ciertas tareas, como alimentar o limpiar después del cachorro, es mejor que lo sepan desde el principio. Darles cierta responsabilidad en el cuidado de una mascota puede ser muy positivo y empoderador para los niños, así que no dudes en involucrarlos. Solo recuerda que tendrás que supervisarlos.

Y por último, es importante que establezcas las reglas de la casa antes de que llegue el perro y que las repases con tus hijos. Si no quieres que el perro suba a los sillones o si no permites que salte sobre las personas, este es el momento de dejar esas reglas claras a tus hijos. Cuanto más constantes sean todos desde el principio, más fácil será que tu nuevo Malinois entienda cómo comportarse en su nuevo hogar.

Preparar a sus otras mascotas

Dependiendo del tipo de mascotas que tengas, deberás ser cuidados al presentarles al nuevo Malinois Belga. En el Capítulo 11 se explican con más detalle las presentaciones en hogares con múltiples mascotas, pero lo más importante que debes tener en cuenta desde ya es que la paciencia es clave. No importa si estas trayendo un cachorro o un adulto: cada mascota necesita tiempo para adaptarse. Además, asegúrate de que todas tengan su propio espacio seguro donde puedan retirarse si se sienten incómodas o abrumadas.

Si tienes otros perros, puede ser buena idea comprar juguetes o camas nuevas para el recién llegado. Algunos perros, especialmente si ya son mayores, pueden no querer compartir sus posesiones con un nuevo compañero. Esto no significa que debas permitir que se pongan territoriales o protectores de sus recursos, sino que simplemente estás previniendo posibles peleas y facilitando la convivencia.

Compromiso familiar

Recuerda, traer un perro a casa es un compromiso importante. Antes de recibir a tu Malinois, debes asegurarte de que toda la familia esté de acuerdo. Si alguien no está del todo convencido, quizás sea mejor esperar un poco. Pero si todos están de acuerdo, entonces es fundamental que cada uno se prepare para lo que implica cuidar al nuevo perro.

Una buena idea es realizar una reunión familiar antes de decidir adoptar y otra justo antes de que llegue el perro. Durante estas charlas pueden dejar todo claro: no solo si están de acuerdo con traer un Malinois a casa, sino también con su cuidado a largo plazo. A cada miembro de la familia se le puede asignar un papel en el cuidado del nuevo perro, si es necesario. Incluso, pueden hacer una lista con los rasgos que esperan en el nuevo perro, los roles que cada uno quiere asumir en su cuidado y cualquier preocupación que tengan. Así, cuando llegue el nuevo integrante peludo, todos sabrán exactamente qué esperar y cómo actuar.

Foto cortesía de
Coco Marin

CAPÍTULO 5

Preparar tu hogar para tu nuevo Malinois Belga

Crear un área segura en interiores

Antes de llevar a tu nuevo Malinois Belga a casa por primera vez, debes asegurarte de que tu hogar sea un espacio seguro y cómodo. Incluso si ya tienes otras mascotas, necesitarás realizar algunas adaptaciones para asegurar que tu nuevo miembro de la familia se mantenga fuera de problemas. Parte de garantizar su seguridad es crearle un espacio seguro al que pueda ir cuando se sienta abrumado o cuando no puedas supervisarlo.

Muchos dueños eligen preparar una zona especial para el perro en un cuarto de lavado, un baño de invitados o una parte de la cocina. Los espacios pequeños son ideales para cachorros o adultos que aún no están educados para hacer sus necesidades afuera. A los perros no les gusta hacer sus necesidades cerca de donde comen o duermen, por lo que cuanto más pequeño sea el espacio, más rápido progresará el entrenamiento. Sin importar el tamaño de la habitación o espacio que elijas deberá tener pisos fáciles de limpiar como baldosas o linóleo. Durante las primeras semanas o meses con tu nuevo Malinois Belga, seguro tendrás algunos "accidentes" que limpiar, así que mejor evita alfombras en lo posible. También es preferible elegir un lugar que esté apartado, pero que no lo aísle por completo. Si tu perro puede observar las actividades cotidianas de tu familia desde la seguridad de su propio espacio, seguirá sintiéndose incluido pero no estará en medio del camino.

Después de decidir dónde se quedará tu Malinois, deberás determinar cómo asegurar el área. Son perros inteligentes y si encuentran una oportunidad de escaparse, la van a aprovechar. Así que necesitas revisar que no haya forma de que pueda saltar o escapar por algún hueco. Las barreras para bebés que son livianas o barreras independientes no sirven contra la fuerza y agilidad de un Malinois decidido, por lo que deberás ser creativo. Si traes a casa un cachorro, una barrera resistente montada a presión puede servirte por unos meses. Pero si estás adoptando un Malinois adulto, tal vez necesites barreras más altas, corrales o una jaula resistente. Sea lo que sea que uses para delimitar el espacio,

Foto cortesia de
Harley Tamm

asegúrate de que esté instalada correctamente para evitar escapes , lesiones al perro o daños innecesarios en tu casa.

Jaulas y entrenamiento con jaula

"Recomiendo encarecidamente el entrenamiento con jaula para todos los Malinois Belga desde que son cachorros. Esto hace que sea menos probable que destruyan las jaulas y se escapen. Una vez que un Malinois comienza a destruir jaulas, es casi imposible detenerlos y hay pocas en el mercado que los mantendrán seguros, y son muy costosas".

BETH ROOD
Roodhaus Belgian Malinois

Ya sea que lleves a tu casa un cachorro o un Malinois adulto, el entrenamiento con jaula es una parte crucial de su educación. Incluso si no planeas mantenerlo en una jaula después de que esté completamente educado para hacer sus

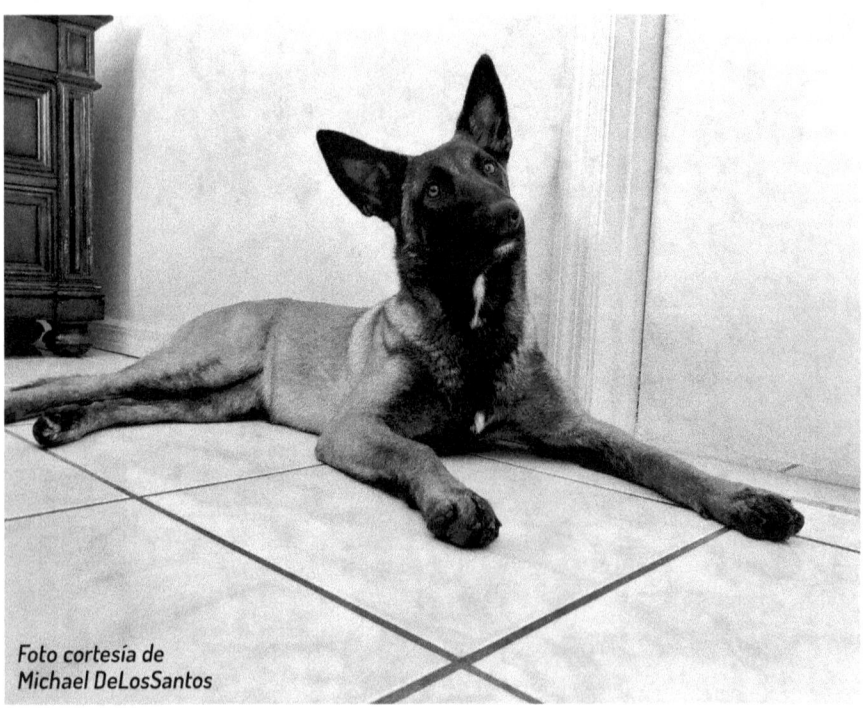

Foto cortesía de
Michael DeLosSantos

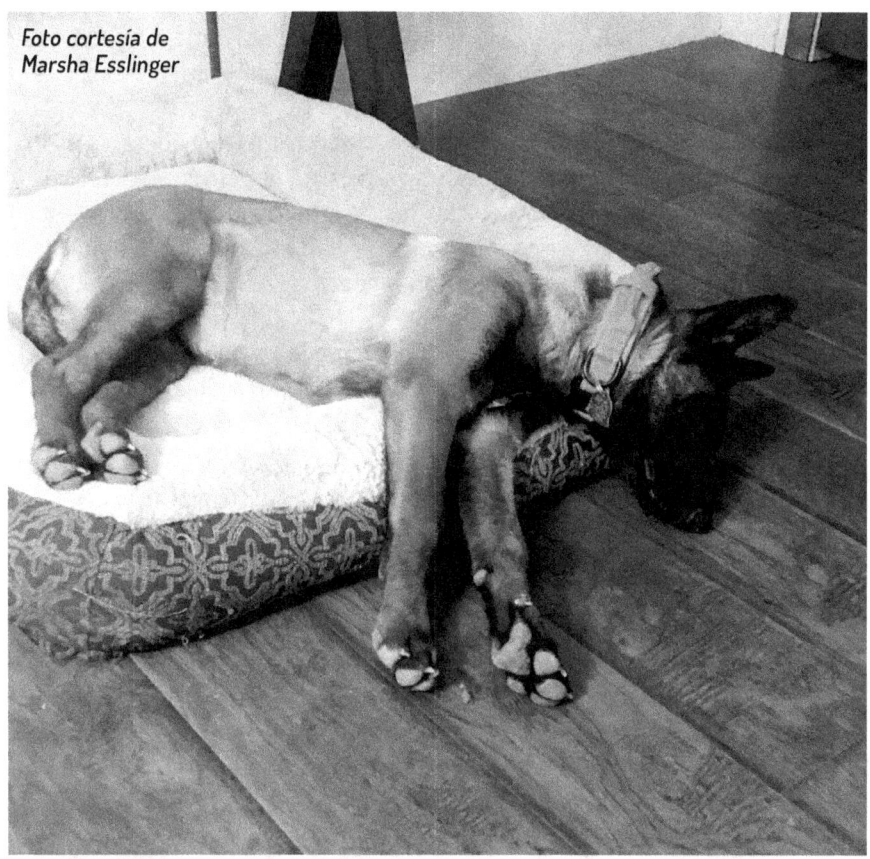

Foto cortesía de
Marsha Esslinger

necesidades, sigue siendo importante que tu perro sepa estar dentro de una, ya que lo tendrá que hacer cuando vaya a la peluquería canina o al veterinario.

Los perros que no han sido adecuadamente entrenados con jaula por lo general entran en pánico una vez que se cierra la puerta detrás de ellos. En lugar de entrar a la jaula por sí mismos, a menudo tienen que ser forzados a entrar, lo que puede ser bastante difícil con un perro fuerte como el Malinois. Los ladridos incesantes, cavar o morder las paredes y la puerta de la jaula son comportamientos comunes en perros con poco o ningún entrenamiento con jaula. Esta experiencia no solo es innecesariamente estresante para él y quienes lo rodean, sino que también puede causarle lesiones graves en las patas, las uñas o los dientes mientras intenta escapar. Para evitarle esa mala experiencia, lo mejor es enseñarle desde el primer día que la jaula es un lugar seguro.

Con el tiempo, tu Malinois verá la jaula no como una prisión, sino como un lugar cómodo al que puede ir cuando necesita un descanso. Muchos perros llegan a ver sus jaulas como un refugio seguro, tanto en casa como en los viajes.

Si sueles viajar, una jaula puede ser una gran aliada para darle a tu perro esa sensación de seguridad, sin importar si están en un hotel o en una exposición canina en otra cuidad.

Deberás elegir qué tipo de jaula usar. Hay de todo: metal, madera y plástico, algunas decorativas y otras diseñadas para resistir a perros más destructivos. Como imaginarás, el costo de estas jaulas variará mucho. Las de plástico (como las utilizadas para viajes aéreos) y las de alambre metálico tienden a ser las más económicas, mientras que las de madera elegantes o de metal resistente costarán más.

Es esencial que la jaula que elijas sea del tamaño apropiado para tu perro, lo cual puede ser complicado si todavía es un cachorro. La jaula debe tener las

Foto cortesía de
Caitlyn Lawing

dimensiones necesarias para que tu Malinois se pare, se dé la vuelta y se acueste cómodamente, pero no tan grande como para que se sienta obligado a usar una esquina como baño. En el caso de los cachorros, esto puede significar cambiar los tamaños de la jaula hasta que alcancen la madurez o usar una con divisor móvil para ajustar el tamaño según sea necesario.

Una vez que hayas comprado la jaula para tu nuevo compañero, querrás hacerla lo más atractiva posible para animarlo a que quiera pasar tiempo dentro. Coloca su cama, manta o juguete favorito en el interior. La supervisión es crucial al principio si planeas dejarlo con artículos dentro de su jaula. Si comienza a masticar o destruir su ropa de cama o juguetes, deberás quitarlos de inmediato para evitar que trague o se ahogue con alguno de los objetos.

Para animar a tu Malinois a entrar en la jaula por sí mismo, intenta arrojar algunas golosinas dentro. Al principio, probablemente se estirará para alcanzar las golosinas y saldrá de inmediato. Con mucha práctica y refuerzo positivo, debería sentirse cada vez más cómodo entrando en la jaula. A medida que aumente su nivel de comodidad, puedes intentar cerrar la puerta detrás de él durante unos segundos y luego recompensarlo con elogios y golosinas. Con el tiempo, puedes dejar la puerta cerrada durante períodos cada vez más largos. En esta etapa del entrenamiento, es importante que no lo dejes salir si comienza a ladrar o llorar. Liberarlo mientras está molesto solo lo recompensará por tal comportamiento, y esto hará que lo repita en el futuro. Por el contrario, dale tiempo para que se calme y libéralo cuando se tranquilice. Pronto, entenderá que la jaula es un lugar para descansar, no para estresarse.

Suministros

Antes de que tu Malinois llegue a casa, es importante que prepares una lista con todo lo esencial. Incluso si ya tienes otros perros, vale la pena hacer una lista nueva. Tener juguetes y camas nuevas puede ayudarte a prevenir comportamientos de territorialidad.

Comida – Uno de los artículos más importantes en esa lista será el alimento para cachorros. Sería un caos traer a tu Malinois a casa y darte cuenta de que no tienes nada para alimentarlo y que las tiendas de mascotas ya cerrado. Pregunta al criador o al personal del refugio qué está comiendo actualmente tu perro y compra una pequeña cantidad de ese mismo alimento. Incluso si planeas cambiarlo más adelante, es mejor usarlo durante los primeros días para evitar malestar digestivo. Pregunta sobre cualquier alergia o sensibilidad alimentaria, así puedes comprar alimentos y golosinas apropiados para su dieta.

Correa y collar – Otro artículo importante es un collar del tamaño correcto para tu Malinois. La mayoría son ajustables, por lo que si no estás seguro sobre el tamaño exacto, puedes estimarlo. En cualquier tienda de mascotas o sitio web seguro encontrarás una amplia selección de collares y correas para elegir. Ya sea que prefieras algo delicado y femenino o colorido y divertido, debería poder encontrar un collar y una correa que coincidan con la personalidad de tu nuevo perro. Al elegir correas, también es importante que elijas una que sea apropiada para su tamaño. Las correas más finas pueden servir para los cachorros, pero es posible que no puedan resistir a un Malinois adulto si decide perseguir una ardilla. No olvides comprar una placa de identificación con tu número de teléfono o dirección por si se escapa o se pierde.

Cama para perros – Elegir una cama puede ser todo un desafío, con tantos estilos y tamaños para elegir. Algunas pueden ser bastante caras, así que conviene saber si a tu perro le gusta dormir hecho bolita o estirado para poder elegir mejor. También existe la opción de comprar una cama económica ahora e invertir en algo mejor más adelante. Cualquiera que sea el estilo que elijas, asegúrate de comprar una con funda extraíble para facilitar el lavado. Como a muchos Malinois les gusta masticar, busca una cama de materiales resistentes. Y si estas adoptando un adulto mayor, una cama de espuma viscoelástica es ideal para cuidar sus articulaciones.

Juguetes – Los Malinois Belga son conocidos por sus poderosas mandíbulas, así que lo mejor es comprar juguetes resistentes, diseñados para masticadores intensos. Sin importar que tipo elijas, es fundamental que los primeros juegos sean bajo supervisión. Así puedes evitar que rompa piezas pequeñas que pueda tragarse o con las que pueda atragantarse.

Artículos de aseo – Incluso si planeas llevar a tu Malinois con un peluquero profesional, te conviene tener algunos productos básicos de aseo en casa. Cuanto más lo acostumbres al proceso de aseo en casa, mejor se comportará con los profesionales. Por suerte su pelaje no requiere muchos cuidados. Un simple cepillo de cerdas o una cuchilla para la muda debería ser suficiente para controlar la caída del pelo. Los champús y acondicionadores ayudarán a mantenerlo limpio y con olor fresco. Si planeas recortarle las uñas en casa, invierte en un buen cortaúñas. Si no sabes que herramientas elegir, puedes pedirle recomendaciones a un peluquero que conozca bien la raza.

Artículos para el entrenamiento de necesidades – Ya sea que tu nuevo Malinois sea un cachorro o un adulto, también necesitarás algunos artículos para el entrenamiento para que haga sus necesidades. Mudarse puede ser estresante y hasta el perro más educado puede tener un accidente. Es mejor estar preparado que no tener con qué limpiar. Las almohadillas absorbentes (desechables o reutilizables) pueden ser útiles para perros de todas las edades y facilitan la limpieza. También hay muchos productos de limpieza con enzimas que eliminan olores y manchas de forma efectiva. Si te interesa, puedes conseguir campanas especiales para colgar en la puerta y enseñarle a tu perro a tocarlas cuándo quiera salir. Pero recuerda: la herramienta más importante para este tipo de entrenamiento es la jaula, así que asegúrate de tenerla lista para poder empezar desde el primer día.

Lista básica de compras para tu nuevo Malinois Belga

- Collar y correa
- Placa de identificación
- Jaula
- Cama
- Alimento
- Recipientes para comida y agua
- Premios y golosinas
- Juguetes
- Peines o cepillos
- Champú
- Cortaúñas
- Almohadillas para cachorros
- Productos de limpieza

Preparar tu casa a prueba de cachorros

El paso final en la preparación de tu hogar para tu Malinois es poner a prueba de cachorros las áreas a las que tendrá acceso. El método más útil es ponerse a nivel del suelo, a la altura de tu cachorro, para ver lo que él puede alcanzar. Deberás recorrer la casa, habitación por habitación, para eliminar o sacar del alcance del cachorro cualquier peligro potencial . También deberás repetir el proceso en el patio o jardín.

En lugares como la cocina o el baño, puede ser buena idea instalar cerraduras a prueba de niños para cajones, especialmente si contienen algo que podría ser dañino para su Malinois, como productos químicos o un bote de basura. Recoge todos los cables eléctricos del suelo y retira cualquier cosa que esté enchufada a la pared a la altura de los ojos de un cachorro, como lámparas o ambientadores.

En la sala de estar, deberás mover artículos como cables de televisión y plantas de interior a un lugar lo suficientemente alto para que no pueda alcanzarlos. Las bridas de plástico son muy útiles para mantener los cables ordenados y fuera del camino sin dañar tus muebles. Si tienes muebles valiosos o antigüedades,

Foto cortesía de Joe Bierly

podría ser buena idea guardarlos hasta que tu cachorro haya pasado sus etapas de dentición y comprenda las reglas del hogar. Las cortinas y persianas que cuelgan bajo también pueden ser un blanco tentador para un cachorro curioso. Aunque nunca debes dejarlo solo fuera de su zona segura, eliminar aquellas cosas que llamen su atención ayudará a que aprenda más rápido sin que tus cosas terminen dañadas.

Si tu Malinois tendrá acceso a los dormitorios, deberás asegurarse de que no haya nada tirado por el suelo: ropa, zapatos y juguetes para niños. Basta un segundo para que se trague un juguete o un calcetín, lo que le puede causar asfixia o una obstrucción intestinal. También es estos espacios, revisa que no haya plantas ni cables a su alcance.

Peligros en interiores

Uno de los peligros más comunes son los cables eléctricos. Recuerde, los cachorros exploran el mundo con la boca, por lo que su primer instinto cuando se encuentran con algo interesante es morderlo. En lugar de lidiar con las consecuencias de un accidente, es mejor recoger los cables eléctricos o sacarlos del alcance de su cachorro. Las cubiertas para cables también son una opción, pero tendrás que supervisarlo hasta que entienda que no son juguetes.

Los productos de limpieza, pesticidas y otros productos químicos domésticos también representan un peligro para los cachorros curiosos, por lo que deberás mantenerlos lejos de tu nuevo perro. Otros peligros domésticos incluyen medicamentos, productos de belleza e higiene, y alimentos para plantas y fertilizantes. Estos productos deben mantenerse detrás de puertas cerradas o en estantes altos así tu perro no pueda alcanzarlos.

A medida que recorres tu casa, revisa si tienes plantas de interior y averigua si son toxicas para los perros. Algunas pueden causar desde malestar gastrointestinal leve hasta la muerte. Tal vez tengas que reorganizar la decoración y deshacerte de las plantas tóxicas o mantenerlas fuera de su alcance. En los sitios web de las sociedades protectoras de animales suele haber listas con las plantas más comunes que son tóxicas para los perros. Incluso si tus plantas no son peligrosas, lo más probable es que no quieras que tu cachorro destruya tu decoración, así que es mejor mantenerlas fuera de su alcance.

Las escaleras también pueden ser un problema, especialmente si tienes un cachorro muy joven o un perro mayor, quienes tienen una fuerza física limitada y a menudo no pueden desplazarse por sí solos por tramos largos de escaleras. Pueden lesionarse de gravedad si dan un paso en falso y se caen. Las barreras para bebés montadas a presión son una excelente manera de mantener a tu perro seguro sin incomodar demasiado al resto de la familia.

Por último, no olvides asegurar el bote de basura. Aunque no parezca peligroso, allí puede haber de todo: vidrios rotos, alimentos tóxicos y plástico.... y para un perro, todo eso puede parecer un tesoro irresistible. Como este mal hábito se refuerza solo, tu perro aprenderá muy rápido que el basurero es una fuente de "premios" deliciosos. Si no puedes guardarlo dentro de un gabinete, considera comprar uno con cierre a prueba de mascotas. Hay muchas opciones diseñadas específicamente para evitar que los perros (y otros animales) lo abran.

Peligros en exteriores

Una vez que hayas eliminado todos los peligros dentro de la casa, es hora de poner a prueba de cachorros el área exterior. Igual que hiciste adentro, deberás ponerte al nivel de tu cachorro para buscar peligros potenciales. Lo más importante es que examines a fondo tu cerca. Busca agujeros, tablas sueltas, madera podrida, cerrojos rotos o cualquier otra cosa por donde tu Malinois pueda escaparse. El mundo más allá de tu patio es un lugar peligroso lleno de autos, animales salvajes e incluso personas malintencionadas.

Tener una cerca segura ayudará a mantener a tu nuevo compañero seguro. No solo es importante que tenga agujeros o puntos débiles, también es importante que esté hecha de un material difícil de escalar, como tablas de madera. Los Malinois tienen una habilidad física impresionante y pueden trepar cercas de malla o eslabones metálicos, incluso si son altas. Si planeas usar un corral al aire libre, asegúrate de que la parte superior también esté cubierta para evitar que tu perro se escape trepando.

Uno de los mayores peligros del exterior es el clima. Si piensas dejar a tu perro afuera por un rato, es importante que tenga un refugio adecuado y agua fresca. No es recomendable que pase mucho tiempo afuera solo, pero si no hay otra opción, asegúrate de que esté protegido del calor, la lluvia, el frío o la nieve. Nunca dejes a tu perro afuera en temperaturas extremas. Aunque su pelaje regulará su temperatura hasta cierto punto, es posible que tu perro sufra un golpe de calor o se congele si está expuesto a temperaturas extremas durante largos períodos de tiempo.

Si tu casa tiene una piscina, fíjate que la cerca que la rodea sea segura y que tu Malinois no pase entre los barrotes. Si no tienes una cerca, nunca lo dejes solo en esa área. Un accidente puede pasar en solo segundos y, aunque algunos perros sepan nadar, pueden desorientarse y no saber cómo salir.

Al igual que dentro de casa, revisa todas las plantas de tu jardín o patio e investiga si alguna es tóxica para tu perro. Si es así, elimínala o ponle una cerca. Incluso si su huerto no es tóxico, no querrás que el perro desentierre tus verduras, asique quizás te conviene cercar esa área. Mucha gente elige limitar el acceso de su perro solo a una parte del jardín para proteger otras áreas.

Si tu jardín o patio conecta con un garaje o cobertizo, deberás asegurarse de que productos como anticongelantes, pesticidas y otros químicos dañinos se mantengan guardados bajo llave y fuera del alcance. El anticongelante en particular es muy peligroso: tiene un sabor dulce que atrae a los animales, pero es tóxico y puede causar daño renal grave o incluso la muerte. Asegúrate de limpiar cualquier fuga de inmediato y de guardar bien los envases. Como medida adicional, puedes tener a mano el número del centro de control de envenenamiento, por si acaso.

CAPÍTULO 6

Llevar a casa a tu Nuevo Malinois Belga

La importancia de tener un plan

«Si el cachorro viene de un criador responsable, lo más probable es que ya haya empezado a trabajar con él en su socialización básica antes de que llegue a tu casa. Eso le dará al nuevo dueño una ventaja a la hora de enseñarle a hacer sus necesidades, usar la jaula, y otras rutinas. Averigüa la rutina diaria del cachorro y úsala a tu favor».

MARK ROTH JR.
BlackJack Malinois

Traer un nuevo perro a tu hogar puede ser un caos total si no estás preparado, y eso puede resultar estresante tanto para un cachorro como para un perro adulto nervioso. En lugar de comenzar con el pie izquiero, lo ideal es que te prepares con un plan que cubra todo, desde ir a buscar a tu Malinois hasta su primera noche.

Un paso importante en ese plan es discutir las reglas de la casa con tu familia. Si ya tienes otros perros, esto puede ser sencillo, porque ya tiene ciertos límites establecidos. Sin embargo, si no tienes otros perros, tendrás que decidir qué comportamientos serán aceptables en tu hogar. Por ejemplo, ¿dónde dormirá el nuevo perro? Al principio, probablemente necesitará dormir en una jaula o corralito hasta que tengas más confianza en su entrenamiento para hacer sus necesidades, pero a largo plazo, ¿se le permitirá dormir en la cama con sus humanos o dormirá en su cama en el suelo? ¿Se le permitirá subirse a los muebles? También podrías querer decidir cómo debe comportarse cuando lleguen las visitas. Algunas personas permiten que el perro salude olfateando de forma educada pero no que salte encima; otros prefieren que el perro observe tranquilo desde su cama o jaula.

Repasar su plan con los demás miembros del hogar es una excelente manera de asegurarte de que todos estén de acuerdo. También puede ser útil escribir las reglas, sobre todo si eres de los que se olvida las cosas o si te ayuda tenerlo todo visual. Integrar a un perro en la familia puede generar estrés, pero mientras tengas un plan antes de su llegada, todo debería transcurrir sin problemas.

Desarrollar un horario

Antes de la llegada de tu Malinois, conviene pensar cómo será un día típico contigo una vez que ya esté en casa. Piense a que hora sueles despertarte, cuándo le vas a dar el desayuno y si tú o alguien de tu familia se va al trabajo o la escuela. Un cachorro no podrá pasar más de un par de horas sin hacer sus necesidades, por lo que deberás considerar cuán flexible puedes ser para adaptarte a sus tiempos. También piensa en tus rutinas de la tarde y decide quién le dará de cenar.

Foto cortesía de Kaylin Hall

Puede ser útil anotar el horario semanal de tu familia para decidir quién se hará cargo del perro en diferentes momentos del día. Aunque los niños pequeños no pueden encargarse de muchas cosas, sí pueden ayudar con la comida y la limpieza. Los mayores pueden asumir más responsabilidad si tú consideras que están listos. Asignar tareas específicas a cada miembro de la familia ayuda a que todo se haga correctamente. Sin una comunicación clara, puede que se olviden de sacar al cachorro por la tarde, o que le den dos desayunos. Aunque ninguna de estas situaciones va a hacerle daño, tampoco lo van a ayudar a adaptarse a tu ritmo de vida. Cuanto más constante seas con tu rutina, más rápido entenderá lo que se espera de él.

Recoger a tu perro del criador o refugio

Si investigaste bien, ya deberías estar preparado para llevar a casa a tu Malinois desde el criador o el refugio. Sin embargo, no está de más verificar todo una vez más. Antes de recoger a tu nuevo compañero, asegúrate de que su espacio en casa esté completamente preparado y a prueba de cachorros. También conviene que revises tu lista de suministros para ver que no te hace falta nada. Si necesitas comprar algo más, es mejor hacerlo antes de llegar al refugio o a la casa del criador. Detenerse en el camino a casa solo añadirá más estrés a un día ya abrumador. Además, llevarlo a una tienda antes de que tenga todas sus vacunas no es buena idea. Lo mejor es que el viaje a su nuevo hogar sea lo más tranquilo y directo posible.

Si ya te dieron una copia del contrato del criador o del acuerdo de adopción del refugio, léelo bien antes de ir a buscar al cachorro. De esta manera, si tienes alguna duda o inquietud, puedes preguntarlo antes de llevarlo a casa. La mayoría de los criadores te pedirán un depósito para reservar el cachorro hasta que tenga la edad suficiente para dejar a su madre, así que asegúrese de que eso esté reflejado en el contrato y descontado del precio final. Este tipo de contrato es un documento legal, por lo que es importante que sea preciso y que estés de acuerdo con todo lo que dice. Si aún no pagaste el total, pero vas a hacerlo al momento de recoger al perro, asegúrate de llevar suficiente efectivo o un cheque.

En los días previos a la llegada de tu nuevo compañero, piensa si tienes alguna pregunta pendiente. Puede ser algo específico sobre tu cachorro o algo general sobre la raza. Lo importante es que te sientas lo más preparado posible. Y si no se te ocurre nada en ese momento, no pasa nada. La mayoría de los criadores y refugios están felices de mantener contacto después de la adopción, por lo que si se te ocurre alguna pregunta más adelante, no dudes en hacerla.

El viaje a casa

El viaje desde el refugio o la casa del criador hasta tu hogar puede parecer algo sin importancia, pero puede ser una experiencia aterradora para un cachorro que acaba de dejar a su madre y hermanos por primera vez. Es probable que nunca haya viajado en un automóvil, por lo que puede estar nervioso. Dado que esta no será la única vez que viaje, haz que sea una experiencia positiva. Pase lo que pase, es importante que te mantengas lo más calmado posible. Aunque estés emocionado por llevar a casa a tu nuevo perro, esa emoción puede aumentar el estrés del cachorro. Él no entenderá que tu entusiasmo es por su llegada y no por el viaje en sí. Lo mismo pasa con perros adultos, especialmente aquellos que vienen de un refugio. Cómo no siempre sabes que experiencia han tenido con los automóviles, lo mejor es manejar la situación con calma y seguridad.

Sin importar la edad de tu Malinois, siempre debe ir sujeto de manera segura durante todo el viaje. Puede ser tentador llevarlo en el regazo, pero eso es peligroso tanto para él como para quienes van en el vehículo. Hay muchas opciones seguras para transportarlo, dependiendo de su tamaño y experiencia. La mayoría de los perros, sin importar su edad, por lo general se sienten bastante cómodos en una jaula. No solo el espacio cerrado de la jaula los mantiene seguros, sino que puede darles una sensación de protección, sobre todo si le pones una manta o juguetes con el olor de su mamá o de sus hermanitos. Para perros más grandes o adultos, que requieren una jaula demasiado grande para el vehículo, un cinturón de seguridad puede ser muy buena opción. La mayoría vienen con un arnés acolchado y una correa que se sujeta al cinturón del auto o se pasa por el apoyacabezas. Si prefieres que tu Malinois viaje suelto en el asiento trasero o en el área de carga del coche, puedes usar una barrera de metal o tela para mantenerlo en su lugar. Recuerda: un perro suelto en el auto es un peligro para ti y para los demás. Asegúrese de que viaje seguro hasta que lleguen a casa.

Una de los problemas más comunes durante los viajes en automóvil es el mareo, sobre todo en perros que no están acostumbrados. Sin embargo, los más experimentados puedan llegar a marearse, así que es mejor estar prevenido. Las toallas, mantas o almohadillas para cachorros (desechables o reutilizables), son perfectas para proteger la jaula o el área de carga del coche. Si vas a usar un cinturón de seguridad o una barrera, podrías invertir en una cubierta impermeable para el asiento o el maletero. También conviene llevar una bolsa de plástico u un recipiente donde puedas guardar mantas o toallas sucias en caso de que tu perro sienta mal.

Algunos perros pueden reaccionar muy mal a su primera experiencia en automóviles. Algunos se quedan calladitos pero tiemblan todo el trayecto, y otros pueden entrar en pánico e intentar escapar. Esta es otra razón por la que las sujeciones de seguridad son tan necesarias. No importa cómo reaccione el perro, recuerda mantenerte lo más calmado posible. Si te pones nervioso, solo vas a aumentar su ansiedad. Incluso si por dentro estás hecho un manojo de nervios, es importante que le transmitas de que todo está bajo control.

Foto cortesía de Allison Levey

Presentar a tu Malinois a la familia

Uno de los aspectos más estresantes de traer un nuevo perro a casa es presentarlo a la familia, tanto a los humanos como a las demás mascotas. Este es un momento crucial para tu nuevo Malinois Belga, así que lo ideal es que todo salga lo mejor posible.

Si tienes otras mascotas, especialmente perros, lo mejor es hacer las presentaciones en un lugar neutral de tu casa. Puede ser cualquier espacio donde tus mascotas no pasen mucho tiempo, como el jardín delantero, el comedor que casi no usen o incluso una habitación de invitados. Eso sí, si estás llevando a casa a un cachorro que todavía no tiene todas sus vacunas, evita los lugares públicos o donde haya pasado mucha gente o animales, ya que podrías exponerlo a enfermedades.

Para garantizar la seguridad de todos, presenta a tu Malinois y a tus otras mascotas de uno en uno, y siempre con correa. Aunque esperes que todo vaya bien, es importante que estés preparado si es necesario separarlos rápidamente. Un arnés y una correa son ideales, ya que puedes hacerlo de inmediato sin lesionar sus cuellos como podría suceder si utilizas collares.

Empieza dejando que se miren desde lejos, para ver cómo reaccionan. Si se muestran relajados y con curiosidad, puedes permitirles que se acerquen más o incluso dejar que se olfateen. Pero si alguno de los perros muestra señales de incomodidad, como quedarse rígido, pelo erizado o gruñidos, deberás retroceder y darles espacio para calmarse antes de seguir.

No importa si parecen llevarse bien desde el primer día, es importante que estén supervisados durante las primeras semanas o meses juntos. Los accidentes pueden ocurrir en un segundo y es mejor estar allí para intervenir a tiempo si surge algún problema. Supervisar no significa que estar en la misma habitación sin prestar atención, sino observar activamente el lenguaje corporal de cada uno para asegurarte de que ninguno esté nervioso, ansioso o agresivo.

Algunos perros pueden necesitar más tiempo para conocerse, así que si al principio parecen no llevarse bien, no te desesperes. Lo importante es no forzarlos. Obligar a tus mascotas a que se lleven bien puede tener un efecto negativo duradero en ambas. Lo mejor es ir a su ritmo y dejar que se conozcan poco a poco, según lo cómodos que se sientan.

Presentar a tu nuevo Malinois Belga a tus hijos es un poco más fácil, ya que puedes hablar con ellos sobre lo que deben y no deben hacer al interactuar con un nuevo perro. Si tienes otros perros, es posible que ya sepan lo básico, pero puede ser útil reiterar las reglas. Cuando vean al adorable cachorro por primera vez, pueden emocionarse y asustarlo, así que es importante explicarles que deben estar tranquilos y ser cariñosos.

Al igual que con otros animales, la supervisión será necesaria cada vez que el cachorro esté con sus hijos. Los niños pequeños pueden no entender que el perrito no es un juguete. Una caída desde los brazos de un niño puede parecer poca cosa, pero es suficiente para causarle lesiones graves. Por eso, es fundamental enseñarles que no deben cargarlo. Si quieren sostenerlo, pueden sentarse en el suelo e invitarlo a sus regazos. No importa si tu perro es un cachorro o un adulto, anímalos a estar tranquilos y ser gentiles para que el nuevo miembro de la familia se sienta cómodo en su nuevo hogar.

Y como siempre, si tus hijos o el nuevo perro muestran signos de nerviosismo o miedo, es mejor separarlos de inmediato. Demasiada emoción también puede salirse de control rápido, así que, si hace falta, dales un descanso a todos antes de seguir jugando. Por eso la supervisión es tan importante en esta etapa. Solo toma un momento para que las cosas salgan mal, por lo que siempre deberás

Foto cortesía de
Hailey Byrne

estar atento para que nadie resulte herido. También sería bueno explicarles a los niños que no deben interactuar con el nuevo perro a menos que haya un adulto presente. Con el tiempo, podrán estar juntos sin problema, pero primero necesitas asegurarte de que todos entiendan las reglas y las respeten.

La primera noche en casa

«Los primeros días y noches establecerán el tono para el resto de la vida del perro. Es necesario establecer pautas firmes y consistentes desde el principio».

SUZANNE J BELGER
Desert Mountain Malinois

Lo ideal es que puedas llevar a tu Malinois a casa un fin de semana o una noche en la que no tengas que madrugar al día siguiente. Lo más probable es que la primera noche no sea muy tranquila ni para ti ni para él. Incluso los perros adultos que ya saben comportarse pueden estar inquietos la primera vez que duermen en un lugar nuevo. Si es un cachorro, esa noche será aún más dura: será la primera vez que duerma lejos de su mamá y sus hermanitos.

Aunque dé ganas de dejar al perro al otro lado de la casa para no escucharlo llorar, el aislamiento solo le generará miedo y ansiedad. En vez de eso, lo mejor es mantenerlo lo más cerca posible. Si bien no es buena idea que un cachorro sin entrenar duerma contigo en la cama, puedes poner su jaula o corralito al lado de la tuya. Mientras pueda verte y olerte, se sentirá mucho más seguro que si se queda solo.

Esa primera noche será perfecta para empezar a establecer una rutina. Sácalo para que haga sus necesidades lo más tarde posible, justo antes de irte a dormir. Si trajiste un cachorro, igual tendrás que levantarte un par de veces durante la noche para sacarlo, pero al menos vas a poder dormir un par de horas entre cada salida. Recuerda que, como regla general, un cachorro puede contener su vejiga e intestinos durante una hora por cada mes de edad. Entonces, uno de cuatro meses necesitará salir aproximadamente cada cuatro horas. Si te pasas de este tiempo, lo mas probable es que haya un accidente.

Es casi seguro que tu Malinois llorará durante la noche, pero vas a tener que aprender a diferenciar si lo hace porque necesita salir o simplemente quiere atención. Si acaba de volver de hacer sus necesidades, es seguro que los llantos del perro son por atención. Aunque es difícil ignorar los gemidos, ladridos y aullidos, si respondes, tu Malinois aprenderá que hacer ruido le consigue tu

*Foto cortesía de
Gail Lavelle*

atención. Si lo ignoras, con el tiempo entenderá que no funciona y se calmará. Sin embargo, si han pasado varias horas desde su última salida para hacer sus necesidades, es muy probable que esos llantos signifiquen que necesita volver a salir. Durante esta primera noche, puede ser útil anotar los horarios aproximados en que pide salir. Cuanto más consistente seas en las noches siguientes, más rápido entenderá tu cachorro la rutina y... más rápido podrás dormir toda la noche de largo.

CAPÍTULO 7
Las primeras semanas

"Probablemente lo más importante que un nuevo dueño necesitará preparar es tiempo. Se necesita tiempo para que el perro y el humano se conozcan mutuamente".

RAYMOND FARBER
Criadero Farbenholt

Mantener tus expectativas

Las primeras semanas con tu nuevo Malinois Belga tendrán sus altibajos, por lo que es crucial que mantengas expectativas realistas. No esperes que todo sea perfecto desde el primer día. Un perro nuevo, ya sea un cachorro o un adulto, representa un gran compromiso y debes recordar que solo verás progreso en el adiestramiento si le dedicas el tiempo necesario. Entrenar a tu Malinois solo 30 minutos por semana es mejor que nada, pero no te dará el mismo resultado que hacer sesiones más cortas y frecuentes, todos los días. De hecho, el adiestramiento poco frecuente puede hacer que tu perro se aburra e incluso empezar a rechazar el entrenamiento. Esto se debe a que deberás repasar en cada sesión lo que le enseñaste en la anterior. Si solo lo entrenas una vez por semana, será repetitivo, lo que no mantendrá a su perro interesado y comprometido.

Por supuesto, esto no significa que debas pasar cada momento del día entrenando. Recuerda, esto es algo nuevo para él también, así que conviene tenerle algo de paciencia si actúa fuera de lugar. Es posible que haya aprendido las reglas de la casa, e incluso algunos comandos en su hogar anterior, pero el estrés de la reubicación puede hacer que los olvide o que simplemente no reaccione como esperabas. En lugar de pasar directamente a un programa de adiestramiento a tiempo completo, lo mejor es empezar con sesiones cortas, divertidas y siempre usando refuerzo positivo. Al principio, basta con cosas tan sencillas como enseñarle su nuevo nombre. No lo abrumes con demasiadas cosas al mismo tiempo. Si en las primeras semanas aprende las reglas de la casa y nada más, considéralo una victoria. La constancia es clave, pero también lo es no exigir demasiado desde el principio. Eso ayudará a que tu relación con él empiece con el pie derecho.

Establecer las reglas del hogar

"Tu cachorro de Malinois probablemente te gane en astucia más de una vez. Son expertos para enseñarle a sus dueños cómo quieren que se comporten".

JANET WOLFF
Stahlrosenhof Intl K-9

Foto cortesía de
Coco Marin

Durante las primeras semanas, necesitarás trabajar constantemente para establecer las reglas del hogar. Es importante decidirlas antes de la llegada de tu nuevo compañero, así sabrás cómo manejar cualquier problema cuando surja. Además, cada miembro de la familia deberá desempeñar un papel activo para mantener la constancia necesaria para que tu perro aprenda.

Una de las reglas más importantes es que los humanos siempre deben pasar primero por una puerta. Es descortés e inapropiado que los perros se abran paso por una puerta antes que una persona. Además, un Malinois adulto es lo suficientemente grande como para derribar fácilmente a una persona, y por otro lado, si sale corriendo por una puerta principal abierta, puede meterse en serios problemas. Para enseñarle a ser educado, pídele que se siente o espere con paciencia cada vez que abras una puerta. Es posible que se emocione al principio, aún más si la puerta da al exterior. Sin embargo, debe esperar hasta que se le dé permiso, así que pídele que se siente mientras usted pasa por la puerta. Una vez que hayas pasado al otro lado, puedes invitarlo a que te acompañe. Pero asegúrate de que no lo haga corriendo ni antes de que le des la señal.

También es importante que le recuerdes que debe hacerse a un lado cuando se lo pides. Ya sea que esté en el sofá o simplemente bloqueando el paso, tiene que moverse cuando se lo indiques. En una manada, solo el líder tiene el privilegio de quedarse donde está mientras los demás se acomodan. Si tu perro se queda plantado y tú eres quien se aparta, él entenderá que tiene el control.

Foto cortesía de Kathie Carvajal

Una herramienta útil para enseñarle esto es la línea de arrastre: una correa corta que puede llevar dentro de casa. No es tan larga como para enredarse, pero es suficiente para que usted pueda agarrarla si necesita controlarlo. Es una gran herramienta si tu perro reacciona mal cuando lo agarras del collar, porque algunos pueden morder si se sienten invadidos.

También puedes intentar atraer a tu perro fuera del camino con golosinas. Asegúrate de hacerlo mientras dices el comando que elijas como refuerzo positivo. Otra opción es empujarlo suavemente con la mano, pero eso puede causar una mala reacción. En general, lo más efectivo suele ser combinar la línea de arrastre junto con el refuerzo positivo.

La hora de comer

La hora de la comida es una excelente oportunidad para enseñarle a tu Malinois a ser respetuoso. Es un momento ideal para empezar a trabajar la paciencia y la calma. Tu perro siempre debe estar dispuesto a sentarse tranquilo y esperar a que le des su comida, sin saltarte encima, sin lanzarse al plato ni intentar quitártelo de las manos antes de que lo pongas en el suelo.

Al principio, puede llevar algún tiempo para que tu perro aprenda a esperar por sus comidas, y más si no está familiarizado con los conceptos de sentarse y quedarse quieto. Si necesitas ayuda para enseñarle estos comandos, consulta el Capítulo 12. La idea es que se siente y espere mientras colocas su plato en el suelo. No debería abalanzarse sobre la comida en el momento en que el plato toca el piso. En cambio, tiene que esperar tranquilo hasta que le des el comando de que puede empezar. Mucha gente usa una palabra como "*adelante*" para hacerle saber que son libres de comer.

Si tienes hijos grandes que puedan manejar esta tarea, puedes enseñarles cómo hacer que el perro espere. Esta es una excelente manera de reforzar el respeto del perro hacia todos los miembros de la familia. Puede no parecer un problema dejar que coma cuando quiera, pero este tipo de autocontrol será la base de muchas otras reglas del hogar, como esperar antes de cruzar una puerta en lugar de salir corriendo tan pronto como se abra. También ayudará a solidificar otros comandos, ya que puedes pedirle que espere en sentado, de pie o acostado.

Tiempo de juego con tu Malinois

Es esencial que siempre supervises el tiempo de juego de tu Malinois. Ya sea que esté jugando con niños, otras mascotas o con un juguete: tu atención es clave. Sin la supervisión adecuada, el tiempo de juego puede convertirse rápidamente en una experiencia negativa o incluso en una situación peligrosa.

Si está jugando solo con juguetes, asegúrate de que no lo esté rompiendo. Dependiendo del tipo de juguete que le haya dado, es posible que pueda masticar un pedazo y tragarlo. Eso puede provocar asfixia o una obstrucción intestinal, y ambas son emergencias veterinarias costosas que se pueden evitar con facilidad si sólo supervisas a tu perro.

Si tu Malinois está jugando con tus hijos u otras mascotas, debe vigilarlos de cerca para asegurarse de que nadie se sienta abrumado o juegue demasiado brusco. Es crucial prestar atención al lenguaje corporal de todos e interrumpir si las cosas se están saliendo de control. El juego nunca debe ser violento, ya que alguien puede resultar herido. Con los perros, el juego brusco puede escalar rápidamente a una pelea si uno se lastima o se siente amenazado por el otro. Puedes enseñarles a tus hijos cómo ponerle límites al cachorro imitando como lo harían otros perros. Si el cachorro los muerde, que hagan un chillido fuerte (como haría un perrito) y que se detengan de inmediato. Al principio, el cachorro va a quedar medio confundido, pero con el tiempo entenderá que si juega demasiado brusco, el juego se termina.

Problemas con cachorros

"Siempre les digo a mis clientes que, si un Malinois no tiene suficiente ejercicio ni una rutina clara, encontrará algo para entretenerse. Y eso, generalmente, significa que masticará todo lo que encuentre. Sin embargo, si empiezas a entrenarlo desde temprano y le marcas bien los límites, no deberías tener mayores problemas".

BIRGIT HALL
Chien Policier

Mientras tu Malinois se adapta a su nueva vida en casa, es probable que te encuentres con algunos problemas. La mayoría se corrigen fácilmente, pero deberás ser constante para evitar que tu perro desarrolle malos hábitos. Prevenir el mal comportamiento siempre es mucho más fácil que corregirlo más adelante, por lo que querrás asegurarte de ser firme y coherente en tus correcciones. Parte de esta constancia implica supervisión y manejo. Muchos malos hábitos son divertidos para el cachorro, así que si le das la oportunidad de hacerlos, va a querer repetirlos.

Foto cortesía de Jacalyn Honeywell

Uno de los mayores desafíos que enfrentarás como nuevo dueño es la masticación. Los cachorros exploran el mundo que los rodea usando sus bocas, por lo que masticar es un hábito natural, el cual se intensifica entre los cuatro y seis meses de edad, que es cuando atraviesan la etapa de dentición. Ese período puede ser bastante incómodo, así que morderán lo que sea para aliviarse. Es crucial que mantengas controlado su entorno y no le dejes acceso a cosas que no deba morder. Dejar al cachorro solo y suelto por la casa es receta para el desastre. Si no puedes vigilarlo, asegúrate de ponerlo en una jaula o área segura. También puedes ofrecerle opciones seguras, como masticables comestibles o juguetes, para que canalice esa necesidad sin dañar tus cosas.

La excavación es otro problema bastante común, así que prepárate para estar atento cada vez que tu Malinois esté en el patio. Dejarlo solo e ignorarlo es una forma de alentarlo a desarrollar malos hábitos como excavar. No solo es destructivo, también puede ser peligroso: puede dañar fácilmente sus uñas y almohadillas de las patas, e ingerir tierra, rocas o palos que desentierre. También es posible que excave por debajo de la cerca, permitiéndole escapar. Por eso es fundamental que lo desalientes desde el primer momento. Una vez que el hábito se forma, cuesta mucho más corregirlo.

Otro comportamiento típico es el ladrido excesivo. Los Malinois pueden ser bastante vocales, por lo que es clave que le enseñes a tu cachorro que uno o dos ladridos están bien, pero más que eso es innecesario. Permitir que dé un ladrido de advertencia le permitirá cumplir con sus deberes como protector de la familia, y no molestará a tu familia o a tus vecinos. Muchos perros terminan ladrando todo el tiempo por falta de estimulación física y mental. Al igual que con la excavación, los perros pueden recurrir a ladrar como una forma de entretenerse o hacer notar su presencia cuando se los ignora. Para evitar esto, lo mejor es gestionar su entorno y nunca darle la oportunidad de desarrollar este hábito. El ladrido también puede ser un problema al entrenar con jaula. Es muy importante que no lo saques de la jaula cuando está ladrando o llorando. Si lo haces, aprenderá que haciendo ruido consigue lo que quiere. En cambio, espera que esté calmado antes de abrir la puerta. Así va a entender que estar tranquilo es lo que le da resultados.

Para corregir tanto los ladridos excesivos como con la excavación, puedes usar distracciones simples. Un firme "¡No!", una palmada o un pisotón suelen ser suficientes para distraerlo y que te preste atención. Con constancia, tu perro asociará estos comportamientos con ruidos desagradables y será poco probable que los repita en el futuro. Si ves que es muy testarudo, puedes intentar con una botella de agua. Mientras le das una corrección verbal, como "no", puedes rociarle un poco de agua en la cara. No le hará daño, pero a la mayoría de los perros no les gusta, así que suele funcionar bastante bien para cortar una conducta no deseada. Nunca lo golpees, lo patees o le grites. Eso no solo no resolverá nada, sino que lo vas a asustar . La mayoría de los problemas se pueden corregir con pequeñas acciones, sin necesidad de recurrir a castigos fuertes.

Dejar a tu perro solo en casa

Las primeras veces que dejes a tu Malinois solo en casa pueden ser estresantes tanto para ti como para el perro. Con un poco de preparación, el estrés puede minimizarse, lo que hará que tu perro no desarrolle ansiedad por separación, que puede ser muy difícil de solucionar. Así que lo mejor es prevenirla desde un principio.

Al salir o llegar a casa, trata de no hacer un escándalo. Sí, cuesta no despedirse con mimos o no saludarlo con entusiasmo después de un largo día de trabajo, pero debes ignorar esas emociones. Espera a que se calme, y recién ahí préstale atención. Con esto le enseñarás que irte o volver no es gran cosa, y que no hay motivos para ponerse nervioso. Si se emociona o estresa demasiado, comenzará a anticipar estos momentos y desarrollará ansiedad por separación. En cambio, si lo tomas con calma, él también aprenderá a estar tranquilo.

Puede ser difícil introducir este concepto si solo te vas por muchas horas seguidas, como cuando vas a trabajar. Para ayudarlo a entender que siempre vas a volver, empieza saliendo por tiempos cortos. Puedes tomar tus llaves, ponerte la chaqueta y hacer todo como si te fueras... pero solo salir unos segundos o minutos. Hazlo varias veces. Con la repetición, tu Malinois dejará de ponerse ansioso cuando vea esos "rituales". Después, puedes empezar a estar más tiempo afuera: dar un paseo por la manzana, revisar el correo o hacer recados, sin preocuparte de que se estrese por tu ausencia.

También es importante señalar que los perros son animales sociales, y muchos se sienten mejor si tienen compañía. Si tu Malinois es tu único perro, quizás podrías considerar adoptar otra mascota para hacerle compañía mientras estás fuera. Algunos preferirán la compañía de su propia especie, pero muchos se llevarán bien con otras especies, como los gatos. Es importante tener en cuenta la personalidad y preferencias individuales de tu perro al decidir qué tipo de compañero sería el mejor.

Adiestramiento y clases para cachorros

Durante las primeras semanas con tu Malinois, puede ser muy buena idea inscribirlo en una clase de socialización para cachorros. Estas son clases básicas de obediencia destinadas a enseñar a los perros jóvenes modales y comandos básicos. Si tienes poca experiencia en el adiestramiento, trabajar con un profesional puede ser la mejor manera de cumplir con tus objetivos y fortalecer la relación con tu perro. No solo aprenderá habilidades como caminar con correa suelta, sentarse, echarse y quedarse quieto, sino que también tendrá la oportunidad de socializarse con nuevas personas, perros y lugares.

La mayoría de los cursos piden que el cachorro tenga una edad mínima para poder asistir. No es que no pueda aprender antes, solo es para asegurarse de que tenga la edad suficiente como para estar vacunado y, de esa manera, protegerse (y proteger a los demás) de virus y parásitos. Es probable que el centro o adiestrador te pida el certificado de vacunas y que tu perro esté al día con el control de pulgas y garrapatas.

Si adoptaste un perro adulto, no podrá asistir a clases para cachorros, pero hay muchas opciones según su edad y nivel de entrenamiento. Podrás encontrar desde escuelas de obediencia hasta adiestradores individuales, y es posible que necesites investigar tus opciones para decidir cuál es la mejor. En algunas ciudades también hay clases más económicas pensadas para quienes tienen un presupuesto limitado. A veces incluso donan una parte de lo recaudado a refugios o asociaciones de rescate. También tienes la opción de clases privadas con un adiestrador, ya sea en tu casa, en un parque o en un centro de adiestramiento. Estas son ideales para perros adultos que tienen problemas de socialización o comportamiento. Las clases grupales son excelentes para perros que necesitan socializar, pero que no son agresivos ni muy reactivos. Recuerda, las lecciones privadas suelen ser más costosas, así que ten en cuenta tu presupuesto, pero también piensa qué opción se adapta mejor a ti y a tu perro.

Foto cortesía de
Janine Blanks

Tómalo con calma

"Ve despacio. ¡Un cachorro cansado es un cachorro feliz! Los cachorros de Malinois pueden hacer cosas extraordinarias incluso a una edad temprana. Recuerda, las palabras no significan nada para un perro al principio y luego lo significan todo. Depende de nosotros, los guías, darles ese significado".

ANTHONY RICHLING
Liberty Dog Camp o Liberty K9

Las primeras semanas con tu Malinois probablemente tendrán bastantes altibajos, pero es importante mantener la paciencia sin importar lo que suceda. Puede haber momentos en los que te sientas frustrado y abrumado, pero también habrá momentos en los que estés orgulloso y lleno de alegría. Recuerda mantener tus expectativas bajas y ser paciente. Traer un nuevo perro a casa puede ser una experiencia estresante tanto para tu familia como para tu nuevo Malinois, así que simplemente tómalo con calma.

Es posible que desees comenzar de inmediato con el adiestramiento, pero no te olvides de que tu cachorro también está adaptándose a todo lo nuevo. Si lo apuras o lo sobrecargas, puede estresarse y empezar a ver las sesiones de entrenamiento como algo negativo. Lo mejor es que sean cortas y fáciles. Mantén siempre el buen ánimo, y termina cada sesión con algo positivo. Si a tu perro le cuesta entender algo nuevo, no insistas. Vuelve a un ejercicio que ya domina, y premia lo que hace bien. Siempre puedes volver al desafío en cualquier momento. Cuanto más uses refuerzo positivo, más disfrutará tu Malinois del aprendizaje, y más motivado estará para trabajar contigo.

CAPÍTULO 8
Salud y bienestar

"Las claves para mantener a tu Malinois saludable y en forma son buena alimentación, ejercicio y ¡mucho amor!"

BETH ROOD
Roodhaus Belgian Malinois

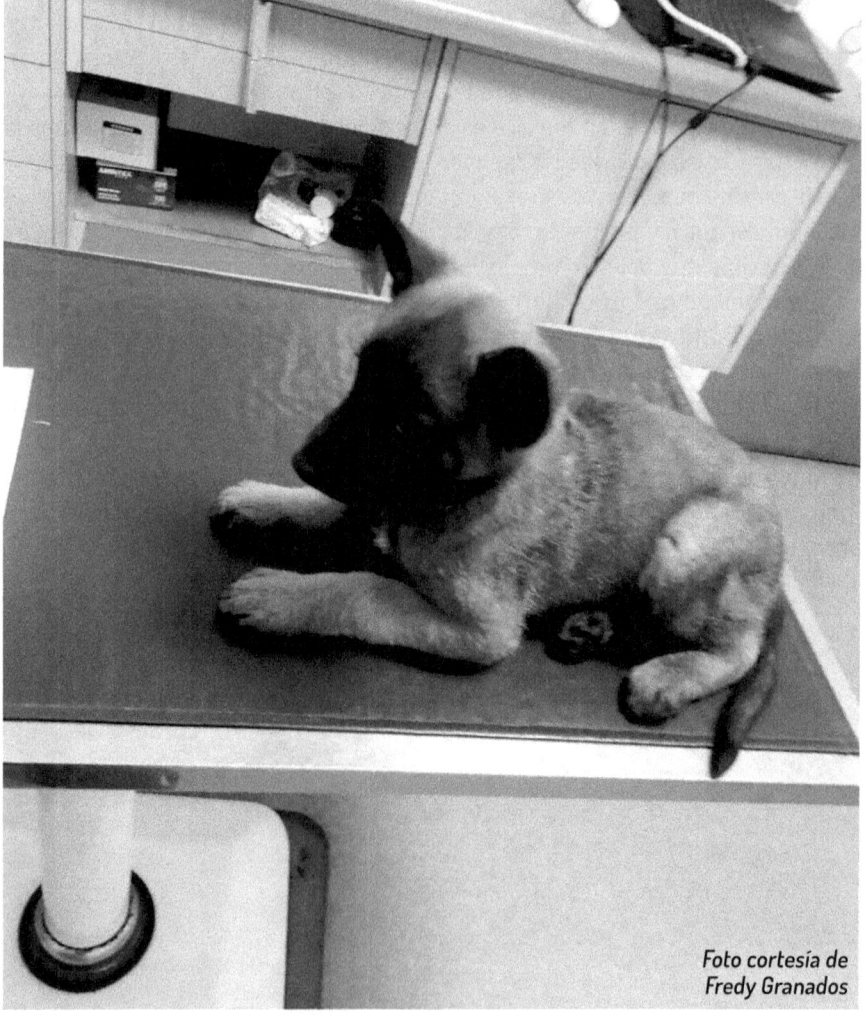

Foto cortesía de
Fredy Granados

Cómo elegir un veterinario

A menos que ya tengas otras mascotas en tu hogar y un veterinario de confianza, elegir al profesional adecuado para tu Malinois puede parecer una tarea abrumadora. Sin embargo, existen muchas maneras de encontrar a alguien confiable que te ayude a mantener a tu compañero lo más sano posible durante toda su vida.

Si compraste tu Malinois de un criador local o lo adoptase a través de una organización de rescate, lo ideal es que le pidas una recomendación. Tanto los criadores como los centros de rescate cuentan con veterinarios de cabecera, por lo que podrían indicarte a quién acuden y en quién confían. Otra ventaja de utilizar el veterinario preferido de su criador es que ya conoce a tu cachorro desde su primera visita junto a sus hermanitos. En cambio, si lo adoptaste de un refugio, en lugar de una organización de rescate, esto puede ser un poco más difícil, ya que muchos refugios cuentan con veterinarios internos o voluntarios.

Lamentablemente, si adoptaste a tu Malinois de un criador o centro de rescate fuera de país, no tendrás la opción de acudir a su veterinario. En ese caso, pide recomendaciones personas que ya conozcas y que también tengan perros. Amigos, familiares, incluso gente que conozcas en exposiciones caninas o en clases de adiestramiento... todos pueden darte buenas pistas sobre a qué clínica llevan a sus peludos.

Antes de comenzar tu búsqueda, piensa qué tipo de clínica te gustaría. La gran mayoría ofrecen medicina veterinaria tradicional, así que si estás interesado en cuidados holísticos o alternativos, necesitarás investigar más. En la página de la Federación Cinológica Internacional (FCI) puedes encontrar directorios de profesionales veterinarios por especialidad y tipo de tratamiento. Las asociaciones veterinarias nacionales también suelen tener directorios de prácticas veterinarias tradicionales en sus sitios web. Otro punto importante es el horario. Por ejemplo, si solo puedes llevar a tu perro los fines de semanas, entonces necesitarás encontrar una clínica que atienda ese día. Incluso hay clínicas que están abiertas las 24 horas y atienden tanto consultas de rutina como emergencias. En el caso de que tengas un presupuesto ajustado, busca opciones de bajo costo: en muchos lugares ofrecen vacunación, esterilización y castración a precios reducidos.

Qué esperar durante la primera visita

Cuando lleves a su Malinois Belga al veterinario para su primera visita, necesitará someterse a un examen físico antes de recibir cualquier vacuna, desparasitación o pruebas adicionales. Primero lo van a pesar y luego le van a revisar la frecuencia cardíaca, la temperatura y la respiración. Luego, el veterinario lo examinará de los dientes a la cola para asegurarse de que esté saludable. Si adoptaste un cachorro, es probable que necesite vacunas durante esta primera visita. En cambio, si adoptaste un Malinois adulto, puede que ya esté vacunado, pero eso dependerá de donde lo hayas adoptado. En cualquier caso, la clínica te pedirá un registro de las vacunas previas para ingresarlo en su sistema y poder mandarte recordatorios cuando toque la próxima vacuna.

Foto cortesía de
Caitlyn Lawing

Alrededor de las 16 semanas, va a estar listo para recibir su última ronda de vacunaciones. Antes de esta edad, es importante que limites su exposición al mundo exterior. Los cachorros tienen sistemas inmunológicos bastante delicados antes de estar completamente vacunados, y pueden contagiarse con facilidad enfermedades graves si se exponen. Trata de evitar lugares públicos y limita el número de personas y mascotas desconocidas que tengan contacto con él. Si notas cualquier síntoma de enfermedad, como anorexia, pérdida de peso, diarrea con sangre, fiebre, debilidad o falta de coordinación, busca atención veterinaria lo antes posible. Infecciones como el parvovirus y el moquillo pueden ser fatales sin tratamiento inmediato.

En la primera visita al veterinario, también podrán hacerle pruebas para detectar parásitos internos. Para eso, tu veterinario va a pedirte una muestra fecal para examinarla bajo el microscopio. Ahí se puede ver cualquier huevo, gusano o protozoo. Esta prueba es importante para dar el tratamiento adecuado, ya que no todos los parásitos se tratan igual. Por suerte, los tratamientos suelen ser simples y por lo general implican algunas dosis de medicación, ya sea por vía oral o por inyección.

Además, puede que le saquen una muestra de sangre para detectar gusanos del corazón, que es una enfermedad potencialmente mortal que se transmite por mosquitos. Los mosquitos propagan el parásito del gusano del corazón al alimentarse de un animal infectado y luego picar a un animal no infectado. Si está infectado, tu perro puede necesitar someterse a varios meses de medicación y actividad física. Afortunadamente, con el tratamiento adecuado, la mayoría continúan viviendo vidas felices y saludables.

Si tu Malinois aún no ha sido esterilizado o castrado, lo que es probable si adoptaste un cachorro, esta es una gran oportunidad para discutirlo con tu veterinario. La mayoría recomiendan la esterilización o castración alrededor de los cinco o seis meses, pero si existe alguna condición de salud subyacente, esto puede afectar este cronograma. Algunos optan por esperar hasta que sus perros estén más cerca de los nueve o doce meses de edad para permitirles acercarse a la madurez física antes de alterar sus hormonas. Tu veterinario podrá darte un plazo más preciso basado en la condición de tu perro. Cada vez hay más gente que opta por otras alternativas, como la vasectomía y la esterilización con preservación de ovarios entre los que buscan métodos más naturales. Esta puede no ser la elección correcta para todos los perros, por lo que es importante discutir sus opciones con tu equipo veterinario. Si los costos son una preocupación, puedes pedir un presupuesto con anticipación para ir ahorrando. Y si tienes dudas sobre la anestesia, este también es un buen momento para comentarlo.

Cuidado de razas de trabajo

Aunque la mayoría de los cuidados veterinarios que reciben los perros de trabajo son parecidos a los de cualquier mascota, hay algunas diferencias importantes. Con las mascotas, el objetivo es mantenerlas saludables. Pero con los perros de trabajo, el foco está en que puedan realizar sus tareas de forma segura y eficiente. Como atleta canino, un perro de trabajo tiene un mayor riesgo de lesiones si no se cuida bien cada detalle. Los exámenes físicos pueden ir más allá de la típica evaluación manual. Un veterinario puede analizar el nivel de condición física, la marcha y la estructura musculoesquelética. Cualquier anomalía o preocupación deberá ser monitoreada de cerca.

Los dueños de perros de trabajo deberán estar más atentos a sus perros para detectar signos de debilidad, cojera o cambios en el rendimiento. Es importante notificar al veterinario lo antes posible para que pueda tratar cualquier problema antes de que se vuelva serio y afecte el rendimiento o su carrera deportiva.

Si un perro de trabajo se lesiona, su rehabilitación requerirá mucha atención. Los perros con alto impulso son propensos a volver a lesionarse porque no disfrutan del reposo y preferirían volver a sus niveles normales de actividad. Dependiendo del área en la que vivas, es posible que puedas encontrar un veterinario especializado en rehabilitación y reacondicionamiento canino para ayudar a que tu perro se recupere.

La nutrición también juega un rol clave en el cuidado de un perro de trabajo. Un veterinario con conocimientos o un nutricionista canino certificado podrá diseñar una dieta individualizada para las necesidades únicas de tu perro. Incluso si están en el mismo programa de entrenamiento, es poco probable que dos perros tengan exactamente las mismas necesidades calóricas y nutricionales, por lo que es importante proporcionarle la cantidad y el tipo de energía adecuados para que pueda rendir al máximo.

Proporcionar un cuidado óptimo para el perro de trabajo puede requerir un trabajo de equipo, en lugar de un solo profesional veterinario. Dependiendo de dónde vivas, es posible que encuentres una clínica que pueda proporcionar todo lo que tu Malinois necesita para alcanzar su potencial como atleta, pero si no es así, también puedes armar tu propio "equipo": un grupo de profesionales que trabajen juntos para mantener su salud al máximo nivel.

Alimentos peligrosos

Hay muchos tipos de alimentos que solemos comer los humanos que pueden ser muy peligrosos para los perros. El chocolate, el alcohol y la cafeína son tóxicos para ellos, pero también hay otros menos conocidos que pueden causar problemas de salud graves. Por ejemplo, muchos caramelos sin azúcar y chicles contienen *xilitol,* un edulcorante que puede ser letal para los perros incluso en pequeñas cantidades. El ajo, las uvas y las cebollas también son alimentos tóxicos. Si sospechas que tu Malinois pudo haber comido algo que no debía, es importante contactar a tu veterinario o al centro de toxicología veterinaria más cercano cuanto antes. Cuanto antes pueda recibir tratamiento, más probabilidades tendrá de sobrevivir.

Además, hay muchos alimentos que no son directamente tóxicos, pero igual pueden causarle malestar a tu perro si los consume en exceso. Los alimentos con alto contenido de grasa como la mantequilla de cacahuete y el queso deben darse con moderación. Demasiada grasa en la dieta de su perro puede ejercer una presión innecesaria sobre su sistema endocrino, lo que puede provocar pancreatitis. Los alimentos salados como las palomitas de maíz, el tocino y el jamón también deben limitarse o evitarse. Los que contienen lactosa, como el helado, la leche, el yogur o el requesón, también pueden causar malestar digestivo. Los alimentos azucarados, como galletas y dulces, tampoco se recomiendan, ya que pueden causar serios problemas digestivos y, con el tiempo, contribuir a que suba de peso.

Problemas de salud comunes en cachorros

Uno de los problemas más frecuentes son los parásitos internos. Los cachorros se infectan por gusanos en el útero, a través de la leche materna o al consumir alimentos, agua, tierra o materia fecal contaminados. Los más comunes son: lombrices intestinales, tenias, anquilostomas, tricocéfalos, protozoos (como la giardia y la coccidia) y gusanos del corazón (que se encuentran en el torrente sanguíneo).

Si tu cachorro está infectado, puedes notar síntomas como vómitos, diarrea, anemia, pérdida de peso o un abdomen inflamado acompañado de un cuerpo delgado. El letargo y la tos también son síntomas comunes. Pero ojo: algunos cachorros no muestran síntomas. Por eso, aunque parezca sano, siempre vale la pena examinarlo para detectar parásitos internos. De esta manera, tu veterinario puede prescribir el tratamiento adecuado antes de que el problema se complique.

Los parásitos externos como pulgas y garrapatas también son bastante comunes. Se pueden contagiar por la madre, por otras mascotas o simplemente por estar al aire libre. Los síntomas más obvios son picazón severa, inflamación de la piel y pérdida de pelo. Algunos perros también pueden desarrollar dermatitis alérgica, que es una reacción inflamatoria a la saliva de la pulga. Además, las pulgas y garrapatas pueden transmitir la enfermedad de Lyme, tenias, bartonelosis, fiebre maculosa de las Montañas Rocosas, babesiosis y ehrlichiosis. En casos graves, incluso pueden causar anemia severa y letargo. Y no solo afectan a tu perro: muchas enfermedades transmitidas por garrapatas pueden pasar a los humanos. Por eso, si tu cachorro tiene parásitos externos, hay que tratarlos enseguida. Habla con tu veterinario sobre un buen plan de prevención contra pulgas y garrapatas, adaptado a tu zona.

En algún momento, es probable que tu cachorro sufra algún malestar estomacal. Los cachorros exploran el mundo con la boca y comúnmente comen cosas que no deberían. Además, cualquier cambio repentino en la dieta o el estrés también puede causar vómitos o diarrea. En general, estos síntomas desaparecen en uno o dos días, pero si dura más que eso, o encuentras sangre en las heces, llama a tu veterinario lo antes posible, ya que podría tratarse de *parvovirus*, una enfermedad grave que requiere atención urgente. Para evitar problemas digestivos, cambia su comida de forma gradual, durante varios días. También es importante no abusar de los premios ni de los masticables comestibles. Y lo más recomendable: evita darle sobras o alimentos humanos. Puede parecer inofensivo, pero muchos problemas estomacales en cachorros comienzan por ahí.

CAPÍTULO 9
Enseñanza de necesidades

Diferentes opciones para el entrenamiento de control de esfínteres

Como dueño de un Malinois, puedes elegir diversos métodos y herramientas para el enseñarle a tu perro dónde debe hacer sus necesidades. La mayoría de quienes tienen razas grandes como el Malinois optan por el enfoque tradicional, que consiste en enseñarles a hacer sus necesidades solo en el exterior. Muchos incluso entrenan a sus perros para usar una determinada área de su jardín, en lugar de dejarle todo el espacio disponible. Con la práctica, tu Malinois te avisará cuando necesite salir, ya sea mediante gemidos, caminando inquieto o rascando la puerta. También puedes colgar unas campanillas en la puerta, que están diseñadas para ayudar con este tipo de entrenamiento.

Si vives en una zona con clima extremo, también puedes considerar enseñarle a tu Malinois a usar almohadillas absorbentes o áreas de eliminación interiores. De esta manera, tu perro podrá hacer sus necesidades si estás fuera de casa o no estás disponible para sacarlo cuando lo necesite. Sin embargo, este método es más práctico con razas más pequeñas. Aunque esta opción no es lo más común con Malinois adultos, puede ayudarte a evitar desastres mientras lo vas entrenando.

Darle a tu cachorro la opción de usar almohadillas absorbentes es una excelente manera de mantener más limpia tu casa y su zona designada. Podrás encontrarlas en cualquier tienda de mascotas o página web especializada, tanto desechables como reutilizables. Las desechables son de plástico económicas, similares a los pañales, que pueden tirarse a la basura después de ser utilizadas. Vienen en una variedad de tamaños para adaptarse a tu espacio y necesidades. Sin embargo, generan muchos residuos, por lo que muchos que se preocupan por el medio ambiente optan por las reutilizables, que están hechas de varias capas de tela y una base impermeable. Se lavan como cualquier prenda, y si están muy sucias puedes enjuagarlas con una manguera antes de colocarlas en la lavadora.

Las áreas de eliminación interiores también pueden ser útiles, sobre todo si tu cachorro tiene el hábito de masticar o destruir las almohadillas. Estas áreas suelen ser de plástico y cuentan con un parche de césped artificial. La orina se drenará hacia la base, que puede vaciarse fácilmente. Si empieza a oler mal, lo puedes enjuagar con agua y limpiarlo con algún desinfectante que sea seguro para perros.

Las primeras semanas

Las primeras etapas del entrenamiento de control de esfínteres son la parte más desafiante del proceso. Tu cachorro no solo se estará acostumbrando a la vida en un nuevo hogar, sino que estará aprendiendo a controlar su vejiga y a entender que esperas de él. Para aprovechar al máximo las primeras semanas, debes recordar que la paciencia y la constancia son clave. Los accidentes van a pasar, por lo que debes estar preparado.

Un error común es creer que si tu cachorro hace dentro de la casa, hay que restregarle en el "accidente". Este tipo de castigo no lo ayudará a entender las reglas e incluso puede confundirlo, lo que prolongará el entrenamiento. Los Malinois Belga son muy sensibles y este tipo de correcciones puede generarles miedo o ansiedad. Si descubres que tu cachorro tuvo un accidente y no pudiste sorprenderlo en el acto, lo único que puedes hacer es limpiar bien la zona. Los cachorros viven en el presente y no entienden los castigos por algo que hicieron hace rato, así que limpia el desorden y sigue adelante.

Foto cortesía de Lucinde Perdok

Ahora bien, si lo sorprendes justo en el momento de hacer sus necesidades donde no debe, es importante corregirlo, pero sin violencia. Nunca lo golpees, lo azotes ni le grites. Eso solo lo asustará y hará que empiece a hacer sus necesidades en interiores cuando no lo estés mirando. En cambio, interrúmpelo con una palmada fuerte o un firme "¡No!" y llévalo afuera de inmediato. Una vez allí, puedes animarlo a terminar usando una orden como "¡Haz pipí!" Después, asegúrate de recompensarlo con muchos elogios y atención. Incluso puedes usar premios, pero fíjate que no se distraiga tanto con la comida que se olvide por qué salió.

La importancia de la constancia

"¡Por favor, asegúrate de mantener un horario! Después de comer, dormir o jugar, la mayoría de los cachorros necesitará salir para hacer sus necesidades. Lo mismo si observas que está olfateando mucho o se aleja de ti. El entrenamiento de control de esfínteres será mucho más sencillo si eres constante con los horarios del cachorro".

SUSIE WILLIAMSON
Merson Belgian Malinois

Lo más importante para un entrenamiento de control de esfínteres exitoso es la constancia. Cuanto más claras y constantes sean las reglas de la casa, más rápido aprenderá tu Malinois. Para ser constante, deberás gestionar el entorno de tu cachorro y evitar que oportunidades de cometer errores. Si tu cachorro hace dentro de la casa, es probable que haya sido por falta de supervisión, no por mal comportamiento. Durante las primeras semanas y meses de entrenamiento, asegúrate de que no tenga acceso libre a toda la casa si no lo estás vigilando. La falta de supervisión resultará en desorden, por lo que si no puedes prestarle atención, es mejor ponerlo en su jaula o corralito. Es importante que toda la familia esté al tanto del horario del cachorro para que puedan seguir el mismo ritmo y mantener la coherencia.

Una vez que tu Malinois pueda pasar períodos más largos entre salidas y comience a entender dónde debe hacer sus necesidades, puedes flexibilizar un poco las reglas. Pero mientras tanto, hay que ser estricto. Tanto los cachorros como los perros adultos que no han sido entrenados para el control de esfínteres solo podrán aguantar un par de horas entre salidas, así que planea sacar a tu perro con frecuencia, sobre todo después de cualquier comida, siesta o sesión de juego. Recuerda, ¡la constancia y la paciencia son esenciales durante este tiempo!

Si no estás seguro de cuánto tiempo debería aguantar tu cachorro entre salidas, hay una regla bastante útil: una hora por cada mes de edad. Por ejemplo, si tu Malinois tiene cuatro meses, debería poder aguantar hasta cuatro. Si pasa más tiempo que eso, lo más probable es que tenga un accidente. Esta regla aplica durante todo el día, por lo que también deberás sacarlo por la noche. Es agotador, pero con el tiempo tu cachorro entenderá mejor las rutinas y tú podrás anticipar cuando necesita salir.

Refuerzo positivo

Otro aspecto clave en el entrenamiento exitoso de control de esfínteres es el refuerzo positivo. Esta popular técnica implica recompensar a tu Malinois cada vez que hace lo correcto, como hacer sus necesidades afuera. Si repites esto cada

Foto cortesía de Sam Sciolino

vez, tu perro empezará a entender qué comportamientos le trae cosas buenas, y querrá repetirlo.

Como con cualquier otro tipo de entrenamiento, la consistencia es fundamental. Al principio, tu cachorro no entenderá por qué le estás dando un premio, por lo que deberá desarrollar la asociación entre el comportamiento deseado y la recompensa. Puede ser fácil para un cachorro asociar salir al exterior con la exploración y el juego, por lo que deberás establecer expectativas claras. Los primeros minutos de cada salida deben dedicarse a hacer sus necesidades, y una vez que haya terminado, puede ser recompensado con premios, afecto y tiempo de juego. No importa cuán emocionado esté tu cachorro cuando lo saques, debes permanecer tranquilo y serio hasta que haya ido al baño. Podrías usar una orden verbal para animarlo a hacer sus necesidades. Con el tiempo, asociará la orden con el comportamiento correcto.

También es importante que sepas cuando darle la recompensa. Si lo interrumpes mientras todavía está haciendo, quizás se enfoca en el premio y contiene el resto... ¡y termina haciéndose adentro! Puedes usar una señal verbal, como elogios tranquilos y silenciosos, y una vez que estás seguro de que terminó, puedes colmarlo de elogios, tiempo de juego y premios. Recuerda, está bien hacer un gran alboroto por esto. Cuanto más emocionado estés, más valiosa será esa recompensa para él.

Es posible que necesites probar diferentes tipos de recompensa para ver qué le gusta más. Algunos perros responden mejor a las recompensas de comida, mientras que otros prefieren la atención o incluso el tiempo de juego. Si llevas premios cuando sales, genial. Si no, los elogios verbales, las caricias o su juguete preferido también pueden funcionar muy bien. Algunos Malinois también disfrutan de un rato de libertad en el patio como recompensa después de haber hecho sus necesidades. Lo que haga feliz a tu perro, eso es lo que debes usar.

Limpieza

No importa cuán constante seas en el entrenamiento de control de esfínteres, de seguro deberás limpiar algunos desórdenes. Usar el tipo correcto de productos de limpieza con las técnicas adecuadas no solo asegurará que tu hogar se mantenga limpio y libre de olores, sino que también evitará que tu Malinois vuelva a hacer en el mismo lugar una y otra vez.

Para comprar el producto de limpieza correcto, deberás considerar qué tipo de pisos tienes en casa. Si tienes alfombras o baldosas, es posible que necesites más de un tipo de limpiador. Elegir el producto adecuado ayudará a mantener

Foto cortesía de
Ashlee and Rob Redmon

tus pisos desinfectados y libres de manchas. Las heces pueden dejar bacterias peligrosas, y a veces parásitos, por lo que es crucial usar productos que realmente limpien. Además de eliminar los contaminantes dañinos, el control de olores también es vital. Aunque tú no huelas nada, tu perro sí, y eso puede motivarlo a hacer otra vez en el mismo lugar. Usa limpiadores con enzimas, ya que están diseñados para descomponer las partículas que causan olor. Así tu casa olerá bien y tu cachorro no va a querer marcar el mismo sitio otra vez.

Además necesitarás preparar toallas, papel absorbente y cepillos. El papel de cocina es practico para limpiar rápido y desechar, pero se rompe fácil si tienes que fregar. Las toallas pequeñas o los paños de limpieza son más duraderos y pueden lavarse después de su uso. Para los pisos de superficie dura, como linóleo o baldosas, usa un cepillo de fregar, sobre todo si el accidente fue justo en las uniones de las baldosas. También puedes usar limpiadores a vapor, pero asegúrate de que el piso esté bien sellado para que el vapor no lo arruine.

Limpiar una alfombra es mucho más difícil que un piso de madera o baldosas. Prueba primero el producto en un área donde no se note, por si deja alguna marca. Evita fregar con mucha fuerza o usar cepillos, ya que podrías arruinar la alfombra. Si la mancha u olor no se quita, quizás debas consultar a un servicio profesional de limpieza de alfombras.

Corralitos y puertas para perros

A medida que avances con el entrenamiento de control de esfínteres de tu Malinois, es posible que desees darle más libertad fuera de su jaula o área designada. Un corralito puede ser una buena opción para permitir que tenga más espacio para moverse, sin estar completamente suelto por la casa. Aunque no te animes a dejarlo en el corralito mientras no estás, igual puede servirte cuando estás en casa pero no puedes vigilarlo todo el tiempo. Así él se mueve un poco mientras tú haces tus quehaceres. Si todavía no confías del todo, puedes forrar el corralito con almohadillas absorbentes para minimizar cualquier accidente. Pero cuidado, ¡los Malinois son escapistas profesionales! Asegúrate de que no pueda trepar o tumbar los paneles.

Si tu Malinois ha progresado lo suficiente en el entrenamiento como para que puedas confiar en que manejará su horario de baño, podrías considerar invertir en una puerta para perros. Esto permitirá que tome sus descansos para hacer sus necesidades cuando lo desee, en lugar de esperar a que tú lo saques. Hay muchos modelos disponibles, por lo que tendrás que decidir si prefieres una instalación temporal o algo más permanente. Las puertas temporales

Foto cortesía de Eric Stockton

pueden instalarse en cualquier puerta corrediza de vidrio para patio y se retiran fácilmente cuando ya no se necesitan sin dejar marcas. Las instalaciones permanentes incluyen la instalación de solapas en puertas o paredes de madera o metal. La mayoría se puede cerrar con llave, para que controles cuando puede salir tu perro o para que no entre nadie cuando estás de vacaciones. También hay puertas que solo se abren si tu perro lleva una etiqueta especial en el collar, como una llave electrónica. Esto evita que otros animales entren a tu casa.

Es importante elegir el tamaño correcto. Si todavía tu Malinois es un cachorro, quizás te conviene usar una puerta temporal hasta que crezca o directamente instalar una que le sirva cuando sea adulto. Una puerta demasiado grande puede tener una solapa muy pesada, mientras que una demasiado pequeña puede ser incómoda para que pase.

Si decides poner una puerta para perros, asegúrate de que tu patio o jardín esté completamente cerrado y sea seguro. No debe haber portones abiertos, brechas o agujeros en la cerca, ni objetos peligrosos. Un Malinois adulto puede trepar cercas de más de 1,80 metros sin problemas, así que si es de los que se escapan, quizás esta opción no sea la mejor.

CAPÍTULO 10
Socialización

"Todas las formas de socialización son muy importantes con esta raza. Recomiendo todo tipo de socialización para los cachorros de Malinois en desarrollo. La socialización puede ser tan simple como permitir que el perro observe diferentes entornos y eventos sin ser el centro de atención."

MARK ROTH JR.
BlackJack Malinois

La importancia de una buena socialización

El beneficio más evidente de socializar bien a tu Malinois es que podrás llevarlo contigo a casi cualquier lugar y confiar en que se comportará correctamente. La socialización le dará a tu perro tanto la confianza como las habilidades sociales necesarias para estar alrededor de nuevas personas, lugares y situaciones. Ya sea que planees competir con tu Malinois o simplemente llevarlo contigo a almorzar en el café de la esquina, la socialización es una parte esencial de cualquier programa de adiestramiento. Sin embargo, es importante recordar que, como raza de pastoreo, el Malinois tiende a ser desconfiado con los extraños, por lo que la socialización deberá ser constante durante toda su vida. No basta con socializarlo solo de cachorro.

Además, una buena socialización es crucial para que tu Malinois esté sano y feliz.. Esta raza es súper apegada a sus familias, por lo que cuanto más puedas incluirlo en tus actividades diarias, más feliz será. Explorar nuevos lugares también es una excelente forma de estimulación mental. Cuantos más lugares puedas llevarlo, más ejercicio físico hará, sobre todo si conoce otros perros para jugar. Cuanta más estimulación física y mental puedas proporcionarle, menos probable será que desarrolle hábitos destructivos por aburrimiento.

Sin una socialización adecuada, el Malinois puede volverse agresivo, temeroso o demasiado efusivo. Se volverá difícil de manejar e incluso puede convertirse en un problema si cree que necesita proteger a su familia de cada persona o perro nuevo. La socialización se vuelve más desafiante a medida que tu perro envejece, así que intenta presentar a tu cachorro a tantas situaciones nuevas como sea posible, una vez que tenga todas las vacunas. Incluso si no planeas competir con tu Malinois, aún tendrás que llevarlo a pasear, al veterinario o al peluquero. La socialización adecuada ayudará a que estos eventos sean menos estresantes para todos.

Socialización de cachorros

"Preséntalos a perros de todos los tamaños desde que son cachorros. No recomiendo los parques para perros en absoluto, sobre todo para un cachorro. Organiza citas de juego con amigos que tengan perros amigables o cachorros de edad similar al tuyo."

BETH ROOD
Roodhaus Belgian Malinois

Dado que la mayoría de los criadores responsables creen que la socialización debe comenzar lo antes posible, es probable que tu Malinois ya tenga una base cuando llegue a casa. Es importante que continúes exponiendo a tu cachorro a nuevas situaciones cuanto antes, pero debes ser cuidadoso si todavía no tiene todas las vacunas. Hasta que esté completamente vacunado, no debes llevarlo a lugares públicos ni exponerlo a demasiadas personas o mascotas nuevas. Mientras tanto, puedes trabajar en la socialización desde casa exponiéndolo a nuevas vistas, sonidos y olores. También puedes hacerlo caminar sobre diferentes superficies como césped, tierra, lonas arrugadas y tablones de madera. Aprovecha las cosas que tienes a mano hasta que sea seguro llevarlo a lugares públicos.

Foto cortesía de David Bunney

También debes acostumbrarlo a ser manipulado para que se sienta cómodo cuando vaya al veterinario o peluquero. Cuanto más trabajes en casa durante estas primeras etapas, menos tendrás que hacer más adelante. Durante los primeros meses, estás estableciendo las bases para la socialización. Una vez esté completamente vacunado, puedes empezar a llevarlo a todos lados con más confianza.

Apenas sea seguro, debes comenzar a presentarlo a tantas personas, animales y lugares nuevos como sea posible. Si viajas con frecuencia en automóvil y te gustaría que tu Malinois te acompañe, ahora es el momento de acostumbrarlo. Llévalo contigo cuando salgas a hacer recados o visitar a un amigo. Anótate en una clase de socialización para cachorros u organiza citas de juego si tienes amigos o familiares con perros amigables. Si sueles recibir invitados, invítalos con más frecuencia para que tu Malinois pueda acostumbrarse a tener extraños en su casa sin sentirse amenazado o abrumado.

Eso sí, no se trata de forzarlo. La socialización solo funciona si el cachorro tiene experiencias positivas. Una sola experiencia negativa puede hacerlo retroceder, por lo que es importante ir despacio. Si lo ves tenso o asustado, retrocede un paso. Este no es el momento para enfrentarlo a miedos grandes; primero necesita ganar confianza.

Mucha gente cree que el parque para perros es ideal para socializar a los cachorros, pero ese ambiente tan caótico puede ser demasiado para un cachorro, y puede dejarle una impresión negativa de los perros desconocidos. En su lugar, opta por citas de juego tranquilas con uno o dos perros nuevos a la vez y asegúrate de que sean amigables y pacientes. Es tu responsabilidad darle a tu Malinois las mejores herramientas para una socialización exitosa, así que asegúrate de que cada nueva experiencia lo deje con una impresión positiva.

Socialización de perros adultos

Si decidiste adoptar un Malinois adulto, es importante que seas consciente de los desafíos de socializar a perros adultos. Muchas veces no conoces sus experiencias y el perro puede necesitar superar traumas pasados. Esto puede hacer que su comportamiento sea impredecible, por lo que es mejor comenzar despacio y socializarlo como si fuera un cachorro. Incluso si el refugio o el criador te asegura que ya está bien socializado, siempre es mejor proceder con precaución.

Tal como lo harías con un cachorro, debes asegurarse de que cada situación tenga un resultado positivo. Esto significa presentarlo solo a perros amigables y a una o dos personas o animales nuevos a la vez. (En el Capítulo 11 encontrarás más detalles sobre cómo hacerlo.) Evita llevarlo a parques muy concurridos o lugares con demasiado movimiento durante las primeras semanas. Todo eso puede ser demasiado para él y puede hacerle perder la confianza en ti. Comienza con un parque tranquilo y quédate a una distancia donde tu perro pueda observar lo que pasa sin sentirse presionado. Solo avanza si ves que está relajado y tranquilo.

La paciencia es un aspecto importante de la socialización, especialmente con perros adultos. Si estás trabajando para superar traumas pasados en la vida de tu perro, deberás tomar las cosas incluso con más calma y ser comprensivo si se altera. Es fácil frustrarse cuando ves que tu compañero tiene dificultades en el adiestramiento, pero con paciencia y constancia podrás superar la mayoría de los desafíos. Puede tomar semanas, meses o incluso años revertir lo que vivió antes. No dudes en comunicarte con un adiestrador profesional o un especialista en comportamiento canino. Cuanto antes obtengas ayuda, más fácil será encaminar el proceso de socialización.

Socialización durante toda la vida

Como mencionamos antes, la socialización no es algo que se hace solo de cachorro y listo. Es un aspecto fundamental del adiestramiento de tu perro durante toda su vida. No importa cuán bien socialices a tu cachorro, si descuidas este aspecto a medida que crece, podría tener problemas de comportamiento, como miedo o agresión hacia extraños. A medida que trabajas en su socialización, lo expondrás a situaciones en las que podría estar nervioso o asustado. Sin embargo, con suficientes experiencias positivas, aprenderá a confiar en ti. Entenderá que nunca lo pondrás en una situación que no pueda manejar, y eso fortalecerá su vínculo. Esto, a su vez, te ayudará en otros aspectos del adiestramiento, porque tu perro va a estar más dispuesto a seguirte y trabajar contigo.

Además, la socialización durante toda la vida es importante para el bienestar mental y físico de tu perro. Cuantos más lugares puedas visitar con él, más estimulación mental y física recibirá, además de cualquier otro adiestramiento o actividades que realice. No solo disfrutará saliendo contigo, sino que esas salidas lo mantendrán mentalmente activo, lo cual ayuda a prevenir malos hábitos o comportamientos destructivos. Un Malinois aburrido es un Malinois destructivo, y la socialización es solo una parte del trabajo para mantener a tu perro feliz, equilibrado y bien adaptado.

Manejo de instintos de caza

"Por favor, asegúrate de socializar a tu Malinois solo con otros perros equilibrados. Sal a caminar con amigos y sus perros, todos con correa. Estate atento a cualquier señal de estrés y/o comportamientos dominantes por parte de cualquiera de los perros. Tú debe ser el defensor y protector de tu perro, y no todos los perros necesitan ser 'amigos' o llevarse bien entre sí, al igual que no todas las personas quieren ser amigos o pasar tiempo con otros."

SUSIE WILLIAMSON
Merson Belgian Malinois

Muchos Malinois Belgas, especialmente aquellos de líneas de trabajo, tienen instintos de caza muy marcados que pueden dificultar la socialización con animales más pequeños. Las razas de pastoreo como el Malinois a menudo poseen un fuerte instinto para perseguir animales pequeños que pueden ser considerados presas, por lo que debes tener cuidado al presentarlo a nuevos animales,

Foto cortesía de
Taliet Vielza

sobre todo si no llevan correa. Es posible que no puedas soltarlo en espacios abiertos hasta que su adiestramiento haya avanzado lo suficiente como para confiar en que no saldrá corriendo tras una ardilla o un conejo. Los perros con altos instintos de caza tienden a estar tan concentrados en perseguir a su presa que no escucharán si le das una orden de regreso, sin importar lo fuerte que seas.

El problema es que ese instinto de caza no se limita a presas típicas como ardillas. Los gatos y los perros pequeños también pueden estar en riesgo. Aunque tu Malinois sea amigable, si ve un animal que considera presa, es posible que no lo reconozca como un amigo, especialmente una vez que la criatura comienza a huir de él. Si tienes un cachorro, es importante comenzar a socializarlo con animales pequeños lo antes posible para que puedas enseñarle el comportamiento correcto. (En el Capítulo 11 te damos más detalles sobre cómo hacerlo.) Con perros adultos, deberás tener más precaución, ya que ese comportamiento de persecución puede estar mucho más arraigado. Dependiendo de cuán fuerte sea el instinto de caza de tu Malinois, puede que debas aceptar que no es seguro dejarlo alrededor de animales pequeños. Si este es el caso, deberás gestionar con mucho cuidado su entorno para evitar situaciones donde podría lastimar a otro animal.

Para disuadir a tu perro de perseguir animales más pequeños, deberás redirigir su atención hacia ti. No sirve de nada gritarle o tironear de la correa: lo más probable es que te ignore. La clave está en motivarlo a que te preste atención sin castigarlo por concentrarse en otra cosa. Las golosinas son ideales, sobre todo si primero practicas con él en un entorno tranquilo. Usar una orden verbal, como "¡Mírame!", además de la golosina, es una de las mejores maneras de reenfocar a tu perro. Una vez que tengas su atención, pídele que haga otras órdenes para mantenerlo concentrado en ti, en lugar del animal. Con paciencia y constancia, deberías poder captar la atención de tu perro incluso cuando haya muchas distracciones a su alrededor.

Manejo del miedo

"Socializa con cuidado, evita perros que sean bruscos o agresivos con tu cachorro. Las interacciones deben manejarse de manera tal que el cachorro no se asuste ni se sienta intimidado."

SUZANNE J BELGER
Desert Mountain Malinois

Durante la socialización, te encontrarás con situaciones en las que tu Malinois tendrá miedo. Aunque obviamente no quieres que tu perro pase un mal momento, a veces se pondrá nervioso o asustado, por más que hayas planeado todo con cuidado. Saber manejar estas situaciones evitará que dejen una impresión negativa en tu perro y le enseñará a confiar en ti como su guía.

No importa a qué o a quién lo estés presentando, es crucial vigilar continuamente su lenguaje corporal para detectar signos de nerviosismo o miedo. Algunos signos leves incluyen lamerse los labios, meter la cola bajo el cuerpo, temblar y evitación. Aplanar las orejas y bostezar también son signos comunes de ansiedad. En esta etapa, la mayoría de los perros pueden calmarse y mantenerse bajo control. Sin embargo, si no intervienes, su comportamiento puede escalar a jadeos, caminar de un lado a otro e intentos de escape. Si tu perro muestra estos comportamientos, debes sacarlo de esa situación de inmediato, ya que es poco probable que puedas calmarlo. Una vez que entra el pánico, no es raro que reaccionen con agresividad por miedo, por lo que debes tomar en serio las primeras señales de advertencia.

Durante cualquier experiencia que asuste a tu Malinois, tu actitud puede ser lo único que evite que entre en pánico, por eso debes estar atento a cómo reaccionas tú. Si entras en pánico, tu perro entenderá que hay una razón para tener miedo y también entrará en pánico. Es esencial que te mantengas lo más tranquilo y sereno posible, incluso si por dentro no te sientes así. También es importante que no mimes ni intentes consolarlo. De nuevo, puede tomar esto como

una confirmación de que debería estar preocupado. En cambio, dale el ejemplo manteniéndote tranquilo y confiado. Minimizar sus reacciones le hará saber que tú está a cargo y que no tiene nada de qué preocuparse.

Si en algún momento tu Malinois se asusta más de la cuenta, tómalo como una oportunidad para reflexionar sobre qué salió mal. A veces suceden cosas que no puedes prevenir, pero muchas veces esos momentos difíciles se deben a que quizás te apuraste o sobreestimaste lo que tu perro podía manejar. En cualquier etapa del adiestramiento, tu capacidad para reflexionar sobre tu propio comportamiento y cómo afecta a tu perro es crucial. Esta es una oportunidad de aprendizaje para ti tam-

Foto cortesía de Kaitlinn Lewis

bién. Aprender de los errores te permitirá prepararte mejor para la próxima vez.

Si sientes que no estás preparado o no puedes manejar el miedo de tu perro, contacta a un adiestrador profesional o especialista en comportamiento lo antes posible. El miedo puede transformarse en un problema si no se maneja adecuadamente. Si tu perro tiene conductas temerosas, prepárate para un proceso largo. Los problemas de comportamiento no se desarrollan de la noche a la mañana, y tampoco se resuelven así de rápido. La constancia, la paciencia y saber cuándo pedir ayuda son claves para alcanzar tus objetivos.

CAPÍTULO 11
El hogar con múltiples mascotas

Cómo presentar un cachorro a otros animales

Traer un nuevo cachorro a un hogar donde ya existen otras mascotas puede resultar estresante. Todos queremos que las presentaciones entre el nuevo integrante de la familia y los demás animales se desarrolle sin problemas. Pero la realidad es que las cosas no siempre salen según lo planeado, por lo que necesitas estar bien preparado cuando llegue el momento de presentar tu Malinois con tus otras mascotas. Por lo general, al presentar un cachorro, debes preocuparte más por las reacciones de los animales adultos hacia el cachorro que por sus reacciones. La mayoría se llevan bien con todos, incluso si están un poco nerviosos o emocionados al principio.

Sin importar qué especie estés presentando, es crucial que cada animal esté bien controlado para evitar accidentes. Aunque un collar y una correa funcionarán bien, un arnés suele ser mejor ya que proporciona algo de lo que agarrarse en caso de que necesites sacar rápidamente a su cachorro de la situación. Con un collar, si tienes que alejar a tu cachorro, corres el riesgo de lastimar su cuello. Para animales que son difíciles de sujetar como aves de corral o ganado, es mejor mantenerlos separados por una valla resistente en lo posible. Esto permitirá que los animales y tu cachorro se huelan y se conozcan entre sí, sin que nadie resulte herido.

Al presentarlo a otros animales, debes ir tan despacio como sea necesario. Deja que se miren desde lejos. Si lo estás haciendo dentro de casa, utiliza una habitación tranquila que no uses tanto, para que todos estén más relajados. Si estás al aire libre, que tengan suficiente espacio para alejarse en caso de que se pongan nerviosas. Observa con atención el lenguaje corporal y si alguno comienza a mostrar signos de miedo, agresión o ansiedad, sepáralos de inmediato. En algunos casos, podría tomar varias sesiones para que los animales se acostumbren entre sí, así que no hay que apresurarse.

Durante las primeras semanas o meses con tu Malinois, es crucial que nunca permitas que interactúe con otros animales sin supervisión, por lo menos hasta que confíes en que pueden comportarse adecuadamente. Los accidentes pueden ocurrir en un abrir y cerrar de ojos, pero se pueden prevenir si estás presente y vigilando la situación con atención.

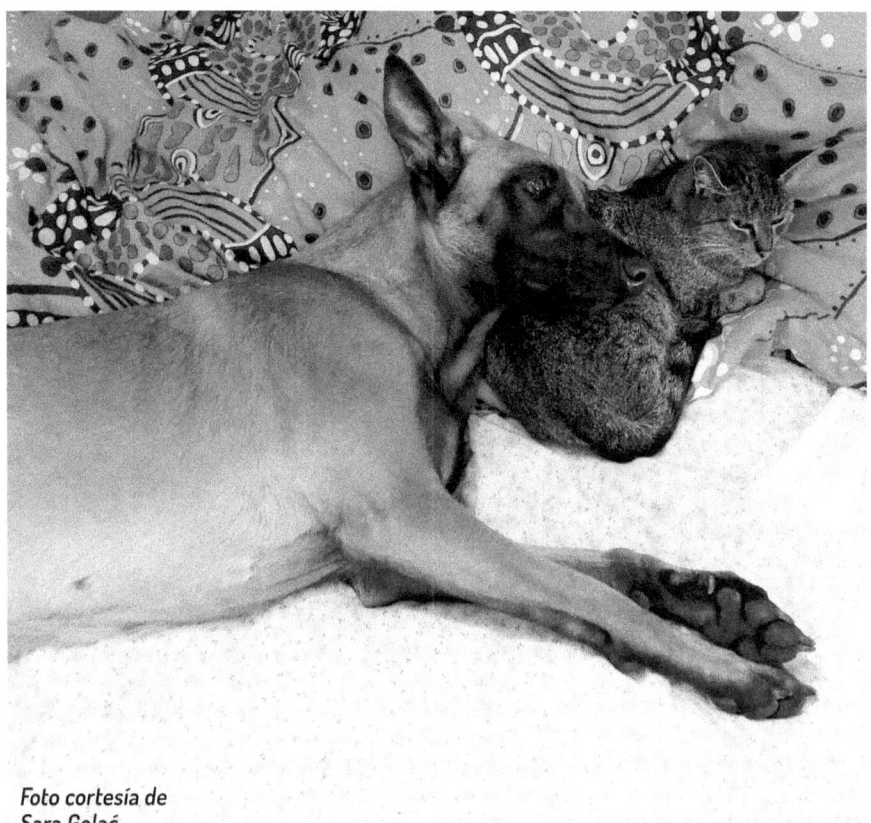

Foto cortesía de
Sara Golać

Como ya mencionamos en el Capítulo 10, algunos Malinois tienen un instinto de presa muy fuerte, lo que puede hacer que presentarlos a ciertos tipos de animales sea un poco más desafiante. Cuanto antes empieces con esas presentaciones, mejor. Sin embargo, es importante darse cuenta de que algunos nunca podrán coexistir alrededor de animales de presa. Hasta que sepas cómo va a reaccionar tu perro alrededor de animales como conejos, gatos y gallinas, deberás tener precaución ante cualquier interacción. Con adiestramiento, todos los perros pueden mejorar su control de impulsos, pero es posible que las interacciones sin supervisión nunca sucedan.

Cómo presentar un perro adulto a otros animales

Es bastante común adoptar perros adultos sin tener mucha información sobre su pasado. Por eso, presentar un Malinois adulto a otros animales en tu casa puede ser un poco más desafiante de lo que sería hacerlo con un cachorro que aún no tiene experiencias previas. Es posible que tu nuevo compañero no tenga ninguna experiencia con otras mascotas o ganado, o es posible que haya tenido experiencias negativas. A menos que venga de un criador o alguien que conozca a fondo la historia del perro, lo más probable es que no conozcas con qué tipos de animales ha convivido. Debes comenzar las presentaciones como si no tuviera experiencia alguna, y hacerlo con mucha cautela.

Al igual que con los cachorros, debes asegurarse de que cada animal esté bien sujetado. Los Malinois adultos son mucho más grandes y fuertes, por lo que es importante que no pueda escaparse y lastimar a otro animal. Del mismo modo, incluso una patada de refilón de una vaca o caballo puede ser suficiente para lesionar de gravedad a un perro, así que la seguridad tiene que ser prioridad para todos. Si las cosas van mal, separa a los animales rápidamente. Una vez que tengas todas las precauciones cubiertas, puedes proceder con las presentaciones de la misma manera que lo harías con un cachorro.

Es importante señalar que a menudo se requiere más paciencia al presentar un perro adulto a otro animal. Hazlo tan despacio como sea necesario para mantener la comodidad y seguridad de cada animal. Es posible que necesites repetir estas sesiones varias veces antes de que todos se sientan cómodos entre sí. Si notas problemas en el comportamiento de tu Malinois, como miedo o agresión, o no puedes controlar sus reacciones, busca ayuda profesional lo antes posible. Un adiestrador o especialista en comportamiento podrá desarrollar un plan de adiestramiento para corregir el comportamiento de tu perro para que pueda convivir de forma más segura con otras mascotas.

Peleas y mal comportamiento

"Los Malinois son muy inteligentes, aprenden rápido y son los mejores resolviendo problemas. Sin embargo, también saben cómo salirse con la suya cuando hacen algo que no deberían, por eso es clave que seas constante con el adiestramiento".

BIRGIT HALL
Chien Policier

La agresión nunca debe tomarse a la ligera, ya que puede escalar rápidamente. Los perros no comienzan atacando a otros animales de la nada: la mayoría de las peleas ocurren porque se han ignorado las señales de advertencia. Un simple gruñido o empujar a otro perro de un plato de comida o un juguete puede no parecer gran cosa, pero si no corriges ese comportamiento, es probable que se convierta en una conducta más peligrosa. Las peleas pueden resultar en lesiones graves y a menudo mortales, especialmente si el otro animal es más pequeño, por lo que es importante que aborde la agresión de inmediato. Nunca permitas que tu Malinois muestre comportamiento de protección de recursos o intimide a sus otros animales. Por supuesto, esto no significa que tus mascotas no puedan tener límites personales, pero deben ser razonables. Si presencias un comportamiento agresivo, interrumpe a tu perro con una palmada fuerte, un pisotón o un "¡No!". Redirigir su comportamiento llamándolo para alejarlo de la situación o pidiéndole que realice comandos básicos suele ser suficiente para desactivar la situación y prevenir una pelea.

Si tu Malinois está mostrando un comportamiento agresivo, es crucial que determine la causa de su agresión. Corregir el comportamiento es importante, por supuesto, pero nunca podrás resolver el problema por completo hasta que conozcas su origen. Toma nota de cada situación donde el perro se vuelve agresivo y busca similitudes. Si se molesta por compartir sus juguetes, es posible que debas separar a tus perros durante el tiempo de juego o directamente guardar esos juguetes que más les gustan. La protección de recursos puede ser muy problemática, por lo que también deberás enseñarle a compartir. Una vez que sepas qué desencadena la agresión de tu perro, puedes comenzar a trabajar en el problema.

Si la agresión termina en una pelea real, debes tener extrema precaución al intervenir. Nunca metas las manos para separar a los perros. La mayoría de las veces, los perros están tan concentrados en la pelea que no les importa lo que están mordiendo, y podrías resultar gravemente herido. Dependiendo de qué tan intensa sea la pelea, puede ser fácil separarlos o quizás necesites recurrir a medidas más extremas. Si es una pelea menor, los ruidos fuertes pueden ser suficientes para sacarlos de ese estado y cortarla. Esta es la única situación donde

Foto cortesía de
Erik Stockton

gritarles está bien. Pisar fuerte, aplaudir o golpear los platos metálicos de los perros también puede funcionar. Si no, intenta arrojarles agua.

Vaciar un balde o rociar a los perros con una manguera de jardín o un atomizador puede sorprenderlos lo suficiente como para que dejen de pelear. Otra opción es tirarles una manta o sábana para confundirlos y ganar tiempo para separarlos. Pero si no tienes otra opción más que intervenir físicamente, primero identifica cuál es el perro más agresivo. Agárralo por las patas traseras y rápidamente aléjalo del otro perro. Puedes tirar hacia atrás o balancearlo hacia un costado, pero hazlo con decisión y velocidad. Si no, el perro puede darse la vuelta y morderte. Una vez que los hayas podido separar, asegúrate de mantenerlos apartados para que no se vuelvan a atacar.

Las peleas son un problema de comportamiento serio que puede ser difícil de manejar. No solo son peligrosas para los animales en tu hogar, sino que también es posible que algún miembro de la familia resulte herido. Debes estar dispuesto a reconocer cuándo la situación está fuera de control y buscar ayuda profesional de inmediato. La agresión no mejorará con el tiempo y si no puedes manejarla, busca apoyo antes de que ocurra una tragedia.

Criar múltiples cachorros de la misma camada

Puede ser tentador considerar llevar a casa dos o más Malinois Belga de la misma camada, especialmente si no tiene otras mascotas. Los hermanos de camada habrán estado juntos desde el nacimiento, por lo que tendrán más confianza al enfrentar nuevas situaciones juntos y no tendrás que preocuparte por presentar un perro desconocido o dejarlo solo en casa. Mantenerlo ocupado también será menos problemático ya que siempre tendrá un compañero de juegos incluso si estás ocupado con tus quehaceres.

Sin embargo, hay muchas desventajas. Más cachorros significan más problemas y más compromiso de tiempo. Necesitarás dedicar mucho más tiempo a supervisar y adiestrar a tus nuevos perros, por lo que la gestión del tiempo puede convertirse en un problema si tienes otros compromisos. Llevar a casa perros que ya han formado un vínculo fuerte es excelente, pero si alguna vez necesitas separarlos, por ejemplo, para ir al veterinario, ambos pueden reaccionar mal. Los perros que nunca han estado solos también pueden estar ansiosos y con miedo, y si se queda en casa podría recurrir a comportamientos destructivos. El entrenamiento para hacer sus necesidades también es mucho más difícil con varios cachorros. Si ya con uno es complicado romper malos hábitos, con dos o más puede ser un verdadero reto.

Criar cachorros de la misma camada tiene sus ventajas y desventajas, así que considera bien esta decisión antes de comprometerte. Trabajar a tiempo completo, más los compromisos familiares o pasatiempos, te dejarán poco tiempo para cuidar más de un perro a la vez. Si decides que adoptar hermanos de camada es la decisión correcta, asegúrate de sacar a cada perro solo regularmente para prevenir la ansiedad por separación y permitirles desarrollar un sentido individual de confianza. También debes adiestrarlos juntos de forma continua para que cuando necesites llevarlos a algún lugar en grupo, puedas mantenerlos bajo control.

Foto cortesía de Frank Davis House of K9

Si tienes dudas, pero no te gusta la idea de que tu perro esté solo, primero adopta un solo Malinois Belga. Una vez que haya sido adiestrado y socializado, puedes considerar adoptar otro. Con este método, tu perro estará solo por unos pocos meses, pero tendrás suficiente tiempo para establecer una base sólida antes de enfocarte en un segundo cachorrro.

Opciones si tus mascotas no se llevan bien

Puedes pasar un montón de tiempo tratando de que tus mascotas se lleven bien, y aun así puede que no se caigan bien. Algunos animales simplemente no están interesados en hacer amigos, sobre todo si son mayores o han estado solos durante mucho tiempo. No te apures con sus presentaciones y dales tiempo antes de llegar a cualquier conclusión. A menudo puede tomar semanas o incluso meses antes de que estén dispuestos a aceptar a otra mascota en sus vidas. La paciencia es clave, pero también lo es el compromiso con el adiestramiento. Como último recurso, también podrías considerar buscar el consejo de un profesional.

Si has hecho todo lo posible y tus mascotas todavía no se llevan bien, es posible que debas tomar una decisión difícil. Separarse de una mascota querida duele, pero convivir con mascotas que no se llevan bien es un compromiso de por vida que requiere muchísima dedicación. Tendrás que mantenerlos separados todo el tiempo y asegurarte de que cada uno reciba suficiente ejercicio, afecto y cuidado. Cada mascota necesita un espacio propio y seguro al que el otro no tenga acceso. Y todo eso, a la larga, puede ser estresante, agotador y demandar mucho tiempo. Es importante que te preguntes si puedes mantener ese nivel de atención durante toda la vida de tus mascotas.

También está bien reconocer que no quieres o no puedes vivir con mascotas separadas por siempre. No importa cuánto las ames: a veces, encontrar un nuevo hogar apropiado para una de ellas es la mejor opción. Algunos animales son más felices siendo la única mascota del hogar, y otros solo necesitan un entorno diferente para vivir tranquilos. Tomar esta decisión puede ser devastador, pero tu responsabilidad principal es el bienestar de tus mascotas.

CAPÍTULO 12
Adiestramiento de tu Malinois

"Como nuevo dueño de un Malinois, tu respeto por tu nuevo compañero debería crecer con el tiempo. El Malinois es más inteligente, más rápido y más intenso que la mayoría de las otras razas de perros. Si logras utilizar esas cualidades a tu favor durante el adiestramiento, entenderás por qué esta raza genera tanta expectativa. Un nuevo dueño debe educarse tanto como pueda. Si no lo haces, arruinarás a tu primer perro y, muy probablemente, terminarás culpando al perro por tus fracasos como dueño. Edúcate y busca ayuda profesional. No toda la ayuda profesional es igual; encuentra a alguien con experiencia real en perros de trabajo y Malinois. ¿Querrías que un mecánico de Nissan cambiara el aceite de su Ferrari? Yo no."

MARK ROTH JR.
BlackJack Malinois

Beneficios de un buen adiestramiento

Las sesiones regulares de adiestramiento son una excelente manera de evitar que tu Malinois se aburra y desarrolle malos hábitos. Incluso sesiones de cinco a diez minutos a lo largo del día pueden fortalecer su vínculo y ejercitar tanto su mente como su cuerpo. No es raro que los perros se cansen más rápido durante las sesiones de adiestramiento que durante un paseo o una sesión de juego. Es mucho más agotador usar el cerebro y el cuerpo que solo correr, por lo que no hace falta que las sesiones de adiestramiento sean tan largas para ver resultados. Un Malinois que recibe suficiente estimulación física y mental será más tranquilo y con mejor comportamiento. Y un perro tranquilo también puede concentrarse mejor, lo que hace que la próxima sesión de adiestramiento sea aún más efectiva.

Las órdenes que le enseñes a tu Malinois dependerán del estilo de vida que quieras compartir con él. Si será un compañero activo de la familia, con una obediencia básica sólida y una buena llamada, te bastará para mantenerlo bajo control en la mayoría de las situaciones. Por supuesto, también puedes enseñarle muchos trucos para impresionar a tus amigos y familiares. Si planeas competir con tu Malinois en deportes como conformación, obediencia o cualquier deporte de protección, entonces necesitarás una lista de comandos más extensa. Pero no importa lo que elijas enseñarle a tu perro, los beneficios de un adiestramiento bien hecho son prácticamente infinitos.

Fundamentos del condicionamiento operante

"Debes ser constante y justo cuando adiestras a un Malinois. Apren-den rápido y no les gusta hacer lo mismo una y otra vez en la m isma sesión. Un dueño inteligente de Malinois hará que las sesiones de adiestramiento sean cortas y llenas de diversión."

SUSIE WILLIAMSON
Merson Belgian Malinois

El condicionamiento operante es uno de los métodos de aprendizaje más comunes utilizados por los adiestradores profesionales. Fue popularizado por

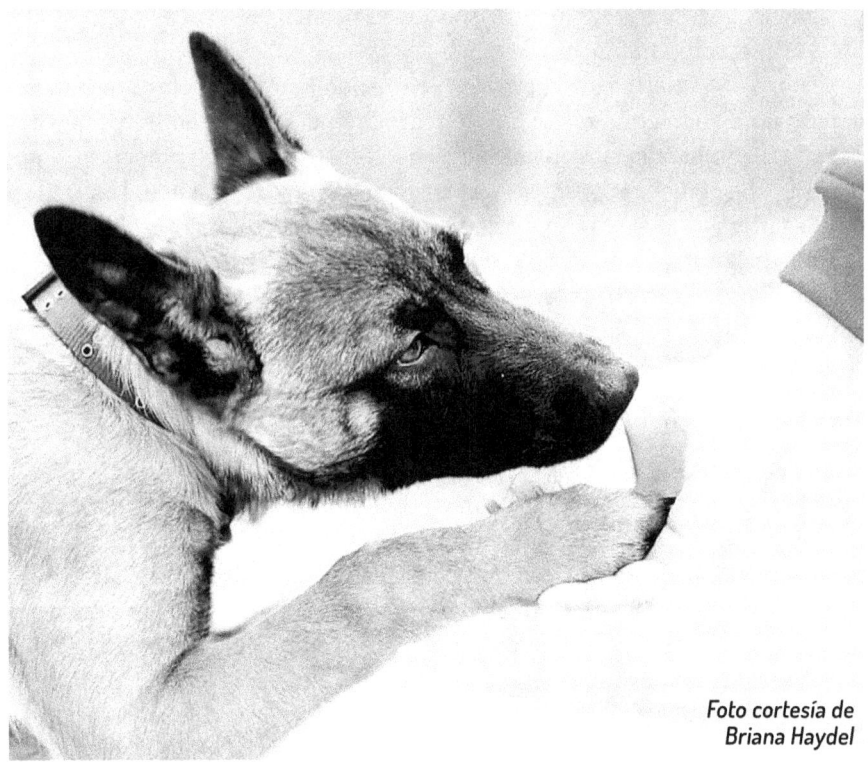

*Foto cortesía de
Briana Haydel*

el psicólogo y conductista estadoun-idense B.F. Skinner, quien desarrolló su teoría basada en la idea de que los humanos y los animales son demasi-ado complejos para aprender solo a través del condicionamiento clásico. Sugirió que, si los comportamientos eran seguidos por una experiencia pos-itiva, era más probable que el aprendiz estuviera dispuesto a repetir el com-portamiento en el futuro. Si, en cambio, el comportamiento fuera seguido por una experiencia negativa, el aprendiz se desanimaría a repetir el comporta-miento nuevamente.

Foto cortesía de Lucinde Perdok

Skinner identificó tres respuestas del entorno que influyen en el compor-tamiento: operantes neutros, refuerzos y castigos. Los operantes neutros no afectan si el comportamiento se repite o no. Por ejemplo, si tu perro hace algo y tú respondes contándole tu serie favor-ita, eso no influirá en si vuelve a hacerlo. Los refuerzos pueden ser positivos o negativos y aumentan la probabilidad de que el perro repita el comportamiento. Ejemplos de refuerzos positivos incluyen comida, juego y afecto. Los refuer-zos negativos incluyen la eliminación de una sensación desagradable, como la presión en la correa. Los castigos pueden variar desde algo desagradable hasta algo doloroso. Los castigos leves podrían incluir ruidos fuertes, una palmada o la palabra "¡No!". Los castigos dolorosos deben evitarse por completo, ya que pueden causar daños físicos y emocionales duraderos.

Refuerzo positivo

En el adiestramiento canino, lo más común es trabajar con refuerzo positivo, que es el método de adiestramiento más popular entre los profesionales caninos. Los perros suelen estar altamente motivados tanto por la comida como por los elogios, por lo que aprenden más rápido usando el refuerzo positivo. Si después de que hace algo bien recibe una recompensa, es muy probable que lo repita para seguir consiguiendo más recompensas. Sin embargo, el refuerzo positivo puede reforzar malos hábitos si no estás atento. Por ejemplo, si tu Malinois te empuja cuando abres la puerta y logra escaparse para correr feliz por la calle, esa sensación de libertad ya fue su recompensa, y probablemente querrá hacerlo de nuevo. Lo mismo ocurre con meterse en la basura. Si derriba el bote de basura y puede comer deliciosas sobras, es más probable que repita este comportamiento en el futuro. Por eso es tan importante gestionar el entorno. Si no le das la oportunidad de portarse mal, no podrá reforzar esos comportamientos indeseados.

Refuerzo negativo

El refuerzo negativo es bastante útil en el adiestramiento canino, pero por lo general se utiliza en combinación con el refuerzo positivo para lograr mejores resultados. Aunque los perros aprenderán a través del refuerzo negativo por sí solo, agregar una recompensa los animará aún más a realizar el comportamiento correcto una y otra vez. Muchos adiestradores aficionados suelen confundir el refuerzo negativo con los castigos, dando mala reputación al método. Sin embargo, puede ser bastante útil cuando se usa de la manera adecuada.

Un buen ejemplo de refuerzo negativo es el adiestramiento con correa. Al principio, la mayoría de los perros responderán a la presión en la correa tirando en la dirección opuesta. Para corregir esto, los adiestradores a menudo ejercen una presión suave en la correa y usan una golosina para animar al perro a moverse con la presión. Cuando da el paso en la dirección correcta, se libera la presión en la correa y el perro es recompensado con la golosina. Esa sensación de alivio es el refuerzo negativo: el perro aprende que al moverse en la dirección adecuada, la presión desaparece. La clave está en que esa presión no es dolorosa, solo es un poco molesta. Con la práctica, el perro entiende que cooperar hace que esa incomodidad desaparezca rápidamente.

Castigos

Los castigos difieren del refuerzo negativo porque desalientan al perro de repetir un comportamiento en el futuro. Por ejemplo, si sorprendes a tu Malinois haciendo sus necesidades en la alfombra del living y respondes con una corrección como una palmada fuerte, un pisotón o un "¡No!", probablemente pensará dos veces antes de hacerlo otra vez.

Si decides usar castigos en el adiestramiento, deben ser proporcionales y nunca exagerados. Patear, golpear o gritar a tu perro no le enseñará nada, y sí pueden hacer que empiece a tenerte miedo o incluso que reaccione con agresividad si se siente amenazado. El castigo no debe causar dolor ni dejar huellas emocionales. Solo tienes que ser lo suficientemente desagradable en ese momento. Cosas como palmadas, pisotones, ruidos fuertes o chorros de agua suelen ser más que suficientes para corregir un comportamiento inapropiado.

Comandos esenciales

Los Malinois Belgas son perros increíblemente inteligentes capaces de aprender un número casi ilimitado de comandos. No hay límite para lo que puedes enseñarle, pero hay algunos comandos que son esenciales para cualquier programa de adiestramiento, sin importar lo que pretendas hacer con tu Malinois. Ordenes como "sentado" y "echado" son útiles para cualquier perro y pueden mejorar la comprensión de comandos más avanzados. También es importante que cualquier perro sepa cómo caminar con correa sin tirar, bajarse de los muebles cuando se lo pidas, o soltar un juguete u otro objeto cuando le digas. Si tienes la intención de competir en deportes caninos con tu Malinois, estos comandos serán la base para que todo lo demás funcione.

Reconocimiento del nombre

La primera habilidad que debes enseñarle a tu Malinois cuando llegue a casa es reconocer su nombre. Si tenía uno , es posible que ya responda a su nombre, pero si es cachorro o no responde al nombre que le dieron, es posible que debas enseñarle. Esta habilidad es básica y te ayudará muchísimo con el resto del adiestramiento, así que tómate el tiempo para enseñársela.

Primero, toma un puñado de golosinas y consigue que tu perro te preste atención. Di su nombre e inmediatamente dale una golosina. Puedes usar premios de adiestramiento pequeños o incluso croquetas, pero elige algo que realmente le guste. Estas sesiones de reconocimiento no deben ser largas, pero cuanto más frecuentes sean, más rápido aprenderá. Repite el proceso de decir su nombre y recompensarlo, y eventualmente entenderá que cuando escucha su nombre, debe prestarte atención, y que puede hacer premio si lo hace.

Sentado

Después del reconocimiento del nombre, "sentado" es el primer comando que se enseña a la mayoría de los perros, simplemente porque es fácil de aprender. Este comando es útil para pedirle a tu perro que espere tranquilo su cena, se quede quieto al subir al automóvil, o mientras le pones su collar o arnés. También es fundamental en muchos deportes caninos.

Lo ideal es practicar este ejercicio con tu Malinois con collar y correa para evitar que se distraiga o se aleje. Puedes enseñar este comando usando solo refuerzo positivo o una combinación de refuerzo positivo y negativo. Depende de ti decidir qué método funcionará mejor para ambos.

Con refuerzo positivo, agita una golosina frente a su nariz para llamar su atención. Luego, muévela por encima de su cabeza. La golosina debe estar fuera de su alcance, pero no tan alta para que salte tras ella. La mayoría entenderá que sentarse los pondrá en la posición correcta para que le des la golosina. Asegúrate de recompensar a tu Malinois en el momento en que su trasero toque el suelo. A medida que comience a entender, puedes introducir el comando verbal mientras mueves la golosina.

Si decides combinarlo con refuerzo negativo para animar aún más a tu perro, puedes realizar el método anterior, pero sumando un poco de presión sobre su lomo con una mano o una leve presión hacia arriba en la correa. El tiempo es crucial en el refuerzo negativo, así que libera la presión justo en el momento en que tu perro realice el comportamiento correcto.

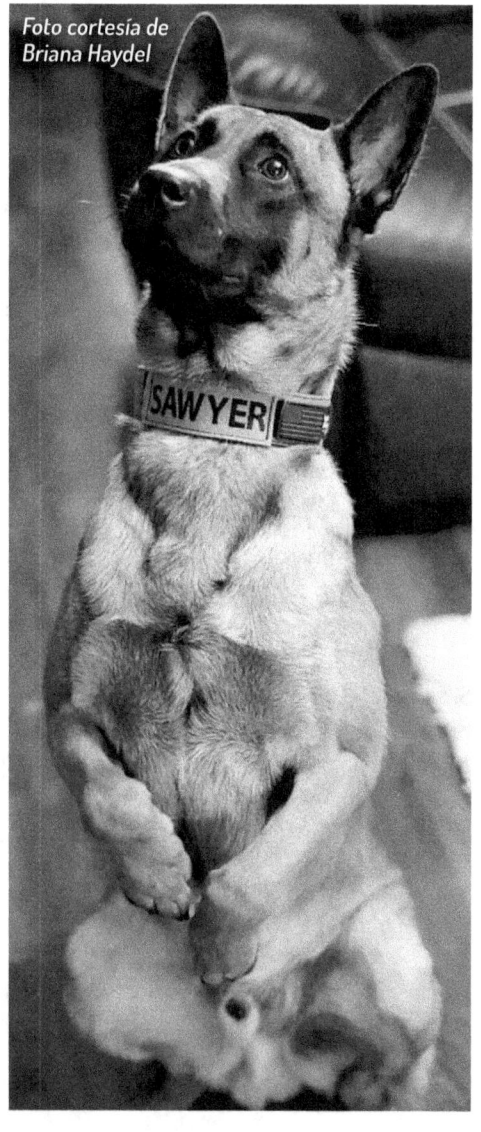

Foto cortesía de Briana Haydel

Echado

Una vez que tu Malinois domine el comando "sentado", puedes pasar a enseñarle a echarse. Este comando es súper útil en situaciones donde quieras que tu perro se relaje, como mientras cuando estás almorzando en un café o tienes visita en casa. También es la base para trucos como "rodar" o "arrastrarse", y es obligatorio en muchos deportes caninos.

Lo más fácil es empezar desde la posición de sentado. Desde allí, puedes atraerlo hacia el suelo con una golosina. La mayoría de los perros seguirán la golosina hacia abajo sin levantarse, pero si el tuyo se pone de pie, deberás volver a sentarlo e intentar de nuevo. Recompénsalo en cuanto sus codos toquen el suelo.

Se puede añadir refuerzo negativo haciendo una suave presión hacia abajo en la correa además del movimiento de atracción con la golosina. Al principio, es posible que debas liberar la presión tan pronto como tu perro comience a moverse hacia abajo, pero con el tiempo, espera a que sus codos toquen el suelo. Recuerda: las golosinas solo se dan cuando esté completamente echado.

Quieto

El comando "quieto" es esencial para cualquier Malinois, ya sea un compañero de la familia o un futuro campeón de ring. Es clave para enseñarle paciencia y también es una habilidad requerida en varios deportes caninos. Sin embargo, es importante tener en cuenta que muchos adiestradores diferencian entre el comando "quieto" y el comando "espera". "Quieto" se usa cuando se le pide al perro que permanezca en posición durante más tiempo y generalmente solo es liberado cuando tú vuelves a la posición original. "Espera" se usa para períodos más cortos de tiempo, como esperar el desayuno, y puedes liberarlo desde una distancia.

Para enseñar estos comandos, pídele a tu Malinois que se siente, se eche o se pare. Eventualmente, puedes enseñarle a quedarse quieto o esperar en todas las posiciones, pero comienza con una sola hasta que entienda. Para empezar, espera unos segundos antes de recompensarlo. A medida que le pidas que permanezca en posición durante un tiempo, puedes introducir el comando verbal. Si se mueve antes de tiempo, no lo castigues. Solo vuelve a colocarlo de nuevo a la posición e intenta de nuevo. Cuando ya aguante varios segundos, da un paso atrás. Con la práctica, puedes alejarte más y pedirle que se quede quieto o espere por períodos más largos, y podrás pedirle que se quede quieto mientras sales de la habitación. También puedes agregar distracciones como hacer rodar una pelota por el suelo o lanzar golosinas alrededor de la habitación.

Llamada

"Una llamada sólida es la habilidad más importante para cualquier perro. Ese es el comando más importante para tu Malinois. Un buen comando de 'déjalo' es esencial".

SUZANNE J BELGER
Desert Mountain Malinois

El comando de llamada ("ven"), es una de las habilidades más importantes que cualquier perro debe aprender y puede incluso salvarle la vida algún día. Un Malinois con una buena llamada dejará todo lo que esté haciendo para regresar contigo, sin importar lo que esté sucediendo a su alrededor. Este comando es clave si planeas dejarlo sin correa, ya sea en casa o en lugares públicos.

*Foto cortesía de
Shayne Piront*

La idea es enseñarlo con ayuda de otra persona, así que si tienes un amigo o familiar amante de los perros, pídele que te ayude. Para comenzar, practica en un área con pocas distracciones, como una habitación tranquila. Si estás afuera, que sea en un área cerrada, o usa una correa lo suficientemente larga. Pídele a tu ayudante que sostenga al perro a una distancia corta mientras tú te preparas con unas buenas golosinas. Di el nombre de tu perro para atraer su atención si aún no te está mirando. Una vez que lo haga, dile "¡Ven!" o "¡Ven aquí!" y palmea tus piernas con entusiasmo o aplaude para animarlo a que corra hacia ti.

Después de dar el comando verbal, tu ayudante puede soltar al perro y él puede correr hacia ti. Cuando lo haga, elógialo con entusiasmo y dale muchas golosinas. Cuanto más emocionado estés, más probable es que lo haga bien. Luego pueden turnarse con tu ayudante para llamarlo en forma de juego, como un ping-pong. Solo asegúrate de mantener las sesiones cortas para que tu Malinois no pierda el interés y el entusiasmo.

Bájate

Parte del programa de adiestramiento de tu Malinois también debe incluir cómo comportarse en casa. Una parte importante es enseñarle a bajarse de

Foto cortesía de
Anne-Marie Stoltz

los muebles cuando se le pide. Sin embargo, debes diferenciar este comando del que usas para pedirle que se eche. Si usas la palabra "échate" para ese comando, usa algo como "bájate" cuando le pidas que se baje del sofá. Realmente no importa qué palabra uses siempre y cuando seas consistente.

Hay algunas formas diferentes de abordar este comando. El primer método es usar solo refuerzo positivo y atraer al perro fuera del mueble con una golosina que le guste mucho. A medida que tu perro mueve su cuerpo hacia el suelo, dale el comando verbal que hayas elegido. Una vez que las cuatro patas estén tocando el suelo, recompénsalo con muchas golosinas y elogios.

Si prefieres agregar refuerzo negativo, también puedes ponerle un collar y una correa y agregar una suave presión además de atraerlo con la golosina. De nuevo, solo recompénsalo una vez que las cuatro patas estén en el suelo. Si ya han practicado antes con la correa, esto seguro le resulte fácil.

También puedes aplicar un poco de presión desde detrás con tu mano. Pero cuidado: si todavía no conoces bien a tu perro o si crees que puede reaccionar mal, mejor evita este método, ya que algunos perros podrían intentar morder. Agarrar el collar directamente también puede provocar una reacción negativa. Algo que puede ayudarte es hacer que tu Malinois use una línea de arrastre mientras está en casa. Es básicamente una correa ligera que puede arrastrar para que tú la agarres fácilmente si es necesario. Solo recuerda: no dejes a tu perro sin supervisión con una línea de arrastre puesta, ya que puede masticarla o tragarla.

Suéltalo

Otro comando que es importante para hacer cumplir las reglas de tu hogar es "suéltalo". Ya sea que tu Malinois haya recogido algo que no debía en casa o durante un paseo, vas a querer que lo suelte cuando se lo pidas. Este comando también es útil para prevenir que desarrolle problemas de protección de recursos.

No importa lo que tenga en la boca, nunca es aconsejable quitarle el objeto con la mano. Puede apretar sus mandíbulas y negarse a soltarlo o incluso puede morderte. En cambio, es mejor intercambiarlo por algo de mayor valor que lo que ya tenía. Es posible que debas usar algo diferente a sus golosinas habituales de adiestramiento para esto, como pequeños trozos de queso o carne. Ofrécele la golosina, atrayéndolo a cierta distancia del objeto para que pueda agarrarlo con seguridad. Si es un objeto que se le permite tener, como un juguete para masticar, puede devolverlo e intentarlo de nuevo. A medida que tu Malinois aprende a soltar el artículo, puedes agregar un comando verbal como "suéltalo" o "dame".

Déjalo

Ya sea que estés paseando a tu Malinois por el vecindario o compitiendo en deportes caninos, no querrás que pierda el enfoque cada vez que huela algo interesante. Para evitar que se aleje en lugar de escucharte, enséñale el comando "déjalo". Este comando se puede usar para que se aleje de otros perros, golosinas de otra persona o basura en la acera, y es una habilidad esencial para cualquier canino bien educado.

La mayoría de los adiestradores usan un comando verbal como "déjalo" o "aléjate" para esta habilidad, pero puedes usar la palabra que elijas. Asegúrate de llevar muchas golosinas que le gusten para que tu perro quiera enfocarse en ti y no se distraiga. También es clave que lo tengas con correa para evitar que se acerque a algo que le resulte muy tentador. Cuando notes que algo lo está distrayendo, simplemente agita una golosina cerca de él y dale el comando verbal mientras camina hacia la golosina. Al principio, con que se aleje un paso o dos ya es suficiente para recompensarlo, pero con el tiempo puedes empezar a pedirle más distancia antes de darle su premio.

Comandos avanzados

Una vez que tu Malinois haya dominado los comandos básicos, puedes comenzar a aumentar el desafío en sus sesiones diarias de adiestramiento. Si planeas exhibirlo o competir en ciertos deportes, podrías considerar enseñarle comandos específicos para ese deporte. Los trucos también pueden ser una forma divertida de vincularte con tu perro e incluso puedes competir en la nueva categoría de Perro de Trucos de la Federación Cinológica Internacional, si te

Foto cortesía de Sara Golac

interesa. También puedes hacer más difíciles los comandos que ya conoce, como aumentar la duración del "quieto" o la distancia de las llamadas. Puedes pedirle que se siente encima de objetos como troncos o bancos, o intentar pasearlo por un área concurrida mientras mantienes la correa floja.

No importa lo que elijas enseñarle a tu Malinois, es crucial que mantengas las sesiones tan cortas y agradables como sea posible. Al principio, esto puede significar sesiones de tres a cinco minutos. Si te pasas del tiempo que tu perro puede mantener la atención, corres el riesgo de que se frustre, y esto puede hacer que empiece a evitar el adiestramiento. En lugar de arriesgarte a que esto suceda, mantén cada sesión corta y siempre termínala con una nota positiva. Si ves que se le dificulta una tarea, no lo fuerces. Vuelve a algo que ya sepa hacer y repítelo un par de veces para subirle la confianza. Recuerda: quieres mantener a tu Malinois feliz y comprometido, por lo que es importante que se sienta bien consigo mismo después de cada sesión.

CAPÍTULO 13
El Malinois en el trabajo y el deporte

"Cuando se trata de adiestramiento, ¡el Malinois Belga no tiene comparación! Son considerados la élite en muchos campos. Aprenden extremadamente rápido y con facilidad, lo cual es tanto bueno como malo. Captan todo lo que tú haces, incluidos los errores, así que ten cuidado cuando comiences su adiestramiento."

BETH ROOD
Roodhaus Belgian Malinois

Foto cortesía de
Timothy Dobbins

El Malinois Belga de trabajo

Un perro de trabajo se define como un perro adiestrado para realizar tareas específicas y prácticas. A diferencia de los perros de compañía, que están ahí principalmente para brindar compañía , los perros de trabajo tienen un propósito claro. Las habilidades enseñadas a un perro de trabajo dependerán de su función. Por ejemplo, los perros de servicio y de terapia necesitarán habilidades muy diferentes a las de los perros policía, militares o de detección. Los perros pastores que ayudan a diario en granjas también se consideran perros de trabajo.

Aunque el Malinois es la raza favorita para ámbitos militares y policiales, no es tan común verlo como perro de servicio o de terapia. Desafortunadamente, pocos Malinois son adecuados para este tipo de trabajo. Aunque son adiestrables y pueden aprender fácilmente los comandos necesarios, los perros de terapia y servicio necesitan ser tranquilos y equilibrados. La energía explosiva y el fuerte impulso del Malinois no son características favorables para perros que trabajan con personas que necesitan terapia o asistencia. Esto no significa que sea imposible que sobresalga en este tipo de trabajos, pero la raza es más adecuada para otros tipos de labores.

Aunque el Malinois pudo haber sido criado originalmente como un perro de trabajo para granjas, hoy en día casi no se lo usa para eso. Cada vez menos personas viven de la agricultura, por lo que la utilidad de la raza como perros pastores prácticamente ha desaparecido. Al igual que con los perros de servicio y terapia, hay razas que son más adecuadas para ese tipo de trabajo, por lo que incluso en las granjas que quedan, se prefieren razas como el Border Collie o el Pastor Australiano. Sin embargo, todavía hay algunos aficionados a la raza que siguen utilizando el Malinois como perro pastor y puedes verlos compitiendo en pruebas de pastoreo junto a las razas más populares.

Algunos adiestradores consideran que los perros deportivos también son perros de trabajo, mientras que otros los ponen en una categoría aparte. Sin embargo, más allá del trabajo o deporte para el que se adiestre un Malinois, estos perros pueden considerarse atletas caninos, y deben ser tratados como tales.

El Malinois Belga y los deportes caninos

Los Malinois Belgas han sido descritos como máquinas en constante movimiento. Son activos y están listos para trabajar las 24 horas del día. Combinado con la increíble inteligencia de la raza, es un perro ideal para una variedad de deportes. Los beneficios de competir en deportes con tu Malinois son para los dos: no solo que sobresaldrá en cualquier destreza que elijas, sino que el deporte en sí es una excelente manera de proporcionarle el ejercicio físico y mental necesario para evitar que se aburra y que desarrolle malos hábitos.

Aunque los Malinois fueron criados originalmente como perros de granja y pastoreo, ahora sobresalen en diferentes deportes caninos. Si asistes a cualquier competición donde se premie la velocidad, el atletismo y la inteligencia, seguramente verás a un Malinois allí. Aunque han ganado mucha popularidad por su rendimiento en deportes de protección como IPO y Ring Francés, también podrás verlos competir en obediencia, agilidad, salto al agua y trabajo de olfato.

Deportes de protección

"El Malinois Belga es extremadamente inteligente. Con más de 30 años de experiencia en adiestramiento, he descubierto que esta raza solo es superada por el Border Collie en su aguda capacidad para captar una lección la primera o segunda vez que se les enseña. La disposición del Malinois para aprender y su sensibilidad hacia su dueño hacen de esta raza una fuerza en muchas áreas - esto incluiría obediencia, trabajo de protección, pastoreo, detección de drogas, así como búsqueda y rescate. El Malinois es un paquete completo."

RAYMOND FARBER
Farbenholt Kennels

Si no estás familiarizado con los deportes caninos de protección, debes saber que son disciplinas diseñadas para probar la capacidad de un perro para protegerse no solo a sí mismo, sino también a su manejador. Es común la idea errónea de que el adiestramiento para deportes de protección hará que el perro se vuelva agresivo, pero esto no es cierto. Todos los deportes de protección evalúan el temperamento de un perro, no solo su capacidad para proteger: si son agresivos no pasarán la prueba. Los perros de protección deben ser seguros tanto con sus manejadores como con el público en general. Además, poseen un increíble autocontrol y solo reaccionan de manera violenta cuando la situación lo requiere, como cuando el manejador está en peligro.

Muchos deportes de protección simulan situaciones reales que un perro podría enfrentar en el trabajo policial o militar. Sin embargo, adiestrar a un Malinois para competir en estos deportes no lo convierte en un perro para trabajo real.

Foto cortesía de Hannah Meers

Si la intención es que el perro se convierta en un Malinois de trabajo, necesitará adiestramiento adicional específico más allá del deporte. Saber en qué tipo de pruebas compitieron los padres o hermanos de tu perro puede darte una idea de su potencial.

Hay cinco tipos de deportes de protección:

Ring Belga

El Ring Belga es de los más antiguos y difíciles, y está completamente dominado por los Malinois Belgas. Aunque se permite la participación de otras razas, no lo hacen porque tienen pocas posibilidades de superar a un Malinois en competición. La mayoría de las competiciones de Ring Belga en Europa son organizadas por el *Nationaal Verbond der Belgische Kynologen* (NVBK), y son juzgadas por unos 50 jueces certificados. El deporte se divide en tres niveles, cada uno con mayor dificultad que el anterior. La competencia es dura, ya que solo unos 100 perros reciben la certificación de Nivel III cada año.

Los Malinois que compiten en Ring Belga son evaluados por su obediencia, capacidad de salto y trabajo de mordida. En la fase de obediencia de la

Foto cortesía de Derrick Lee

competición, los perros son evaluados por su capacidad para seguir al manejador tanto con correa como sin ella. Deben realizar una variedad de comandos, incluyendo sentarse, echarse y quedarse de pie. Se dan órdenes de quedarse quieto y se espera que el perro permanezca en su lugar mientras el manejador camina fuera de su vista. También se requiere que recupere un objeto que lanza el manejador, sólo cuando se da la orden, y hasta debe identificar y traer un palo específico impregnado con el olor de su manejador, de entre varios palos parecidos .

La fase de salto requiere que los Malinois salten una valla de madera de aproximadamente 2,3 metros de altura. Esto puede parecer una hazaña increíble, y lo es, pero los Malinois que compiten en este difícil deporte son más que capaces de este tipo de proeza atlética. También se les requiere saltar sobre un seto de aproximadamente 1,2 metros de altura, y luego esperar tranquilos hasta que su manejador los llame de vuelta. Como si fuera poco, además deben saltar un canal u obstáculo similar de hasta 4,3 metros de longitud, siguiendo órdenes precisas.

La fase de trabajo de mordida es una de las más difíciles, ya que aquí es donde se ve el verdadero temple del perro, así como la capacidad de adiestramiento. Desde la distancia, un ayudante vestido con un traje de protección provoca al perro mediante un lenguaje corporal amenazante. El manejador libera al perro bajo comando para que vaya y muerda al ayudante. Dependiendo de la preferencia de los jueces, el perro también puede necesitar superar un obstáculo en su camino hacia el ayudante. Una vez que las mandíbulas del perro están firmemente cerradas sobre el traje, el ayudante intenta intimidar al perro rociándolo con agua o golpeándolo con un palo de bambú (el cual hace ruido, pero no causa daño). Luego, el manejador se acerca y llama al perro, quien debe soltarse de inmediato y volver a su lado. Después, el perro debe caminar junto al manejador y al ayudante sin mostrar agresividad, incluso cuando los humanos se dan la mano. Solo si el ayudante "ataca" al manejador, el perro puede actuar para defenderlo.

Otra parte importante es la búsqueda y vigilancia. Se dispara un tiro al aire y el ayudante se esconde. El perro debe encontrarlo, ladrar y vigilar, pero sin atacar, hasta que el manejador llegue y lo llame. Después, caminan juntos hasta que el ayudante intenta "escapar", momento en el que el perro debe intervenir, mordiendo y sujetando hasta nueva orden.

Además, los Malinois que compiten en Ring Belga deben proteger un objeto de un ayudante con un traje de protección, quien intentará tomar lo que sea que el perro esté protegiendo. El ayudante también puede tratar de intimidar o distraer al perro agitando palos hacia él o usando agua o pelotas de juguete para desviar su atención del objeto que se supone que debe proteger. Esto se realiza con el perro usando un bozal, o no.

*Foto cortesía de
Samuel Castañón*

Por último, en el terreno de la competición se colocan distracciones (por lo general, carne) para intentar desviar la atención del perro. Parte del reto es que ignore completamente esas tentaciones durante todas las fases del evento.

Ring Francés

El Ring Francés es similar al Ring Belga, ya que las tareas requeridas son casi las mismas, aunque los saltos no suelen ser tan altos ni tan largos. El Ring Francés también se divide en tres niveles diferentes de dificultad y los perros deben pasar una prueba inicial de sociabilidad, temperamento y aptitud antes de que se les permita avanzar en los niveles más altos de competición. Casi todo el trabajo se realiza sin correa y sin collar. Al igual que en el Ring Belga, una vez que el perro y el manejador entran al campo, realizan todas las fases de la competición antes de abandonar el campo. Esto puede tomar entre 40 minutos y 1 hora. Las diversas fases de la competición se realizan en un orden específico: salto, obediencia y trabajo de mordida. Sin embargo, los jueces deben determinar cómo diseñar el campo y el orden de los ejercicios dentro de cada fase.

KNPV (Koninklijke Nederlands Politiehond Vereniging)

El KNPV es similar al Ring Francés y al Ring Belga, pero está más orientado al desarrollo de perros para trabajo policial. Las competiciones solo se realizan en los Países Bajos. Los perros pueden obtener los títulos de PH 1 (Politiehond 1 o Perro Policía 1), PH 2, Obj. Bew. (Object Bewakingshond o Perro de Protección de Objetos), Basis Zoekhonden (Perro de Búsqueda Básica) y Zoekhonden (Zoek-hond, Sorteerhond y Reddingshond o Perro de Búsqueda, Perro de Detección y Perro de Rescate). En estas pruebas, los perros deben intentar detener a un ayudante que intenta escapar en bicicleta, además de resistir distracciones como tiros al aire o que les lancen objetos. Estas son habilidades fundamentales para perros policía, así que son evaluadas con mucha seriedad.

Mondio Ring

Aunque los ejercicios son similares a los otros deportes de protección, el Mondio Ring es menos rígido en su estructura. Fue creado para combinar los mejores aspectos de todos los demás deportes y está ganando popularidad en todo el mundo. A diferencia del Ring Francés y el Ring Belga, a los ayudantes no se les permite golpear al perro con el palo, solo agitarlo para intimidarlo. La competición se divide en tres niveles de dificultad y, antes de competir en el Nivel I, el perro debe pasar una prueba de temperamento. Las pruebas se organizan según un tema, y se colocan accesorios, escenarios y distracciones a lo largo del campo de competición. Los ejercicios siguen siendo los mismos de una prueba a otra,

Foto cortesía de
Dionne Cancino

pero el tema queda a discreción de los jueces. Esto evita que las pruebas se repitan y el perro aprenda los ejercicios de memoria.

Schutzhund o IPO

El Schutzhund, o IPO, es un deporte alemán creado originalmente para probar las habilidades de trabajo de los Pastores Alemanes. Aunque los Pastores Alemanes siguen dominando, muchos Malinois también compiten con éxito. El Schutzhund difiere de otros deportes de protección ya que reemplaza la fase de salto o agilidad con el rastreo. La pista mide entre 1,80 a 2,70 metros, con dos objetos o piezas de tela colocadas a lo largo de ella, y debe incluir al menos dos tramos y tres esquinas. Estos objetos tienen que haber sido colocados con al menos 20 minutos de anticipación por el manejador. Los perros que compiten tienen 15 minutos para resolver la pista y encontrar los objetos. Además, en el Schutzhund, las tres fases se realizan por separado, no todas juntas. Cada fase de obediencia y protección duran de ocho a diez minutos.

Los perros deben pasar una prueba de temperamento antes de competir en los tres niveles de Schutzhund. En IPO, se pone más énfasis en la calidad del trabajo de mordida que en otros deportes de protección. Se tiene en cuenta el agarre del perro, mientras que, en los otros deportes, siempre que el perro no suelte, recibirá todos los puntos. También se valora la precisión, por lo que los jueces tienden a favorecer la mordida más pesada y precisa del Pastor Alemán frente a la mordida más ligera del Malinois. Durante la búsqueda del ayudante, se espera que los perros sigan un patrón específico, a diferencia de otros deportes donde el perro puede buscar libremente. También se requiere que los perros siempre caminen al lado izquierdo del manejador. En Schutzhund, no solo importa hacer el trabajo, sino cómo lo haces.

Pastoreo

Aunque hoy en día pocos Malinois se utilizan como perros pastores a tiempo completo, muchos todavía poseen el instinto natural que les permite destacar en las competiciones modernas de pastoreo. La Federación Cinológica Internacional requiere que todos los perros que compitan en pastoreo pasen primero una prueba de instinto. No se involucra ningún adiestramiento en la prueba de instinto, pero los perros son juzgados por su reacción a la presencia de ganado mientras permanecen con una correa de 2 a 4,5 metros o con una línea larga. Se evalúa su interés en el ganado, si responden a la orientación, con qué fuerza manejan el ganado y si saben ajustarse a los movimientos del rebaño. Si ladran o no y la manera en que se acercan al ganado también son elementos clave de la prueba de instinto. Si el perro pasa esta prueba ante dos jueces distintos, recibirá un certificado que le permitirá obtener el título de Herding Tested (HT).

Para obtener el título HT, el perro debe aprobar una segunda prueba ante dos jueces. En esta prueba, se colocan dos pilones o marcadores en la línea central de un recinto cercado, uno en cada extremo. El ganado generalmente se mantiene en un extremo cerca de un pilón antes de que el perro comience a trabajar. Todos los perros pastores deben entrar al recinto con correa y una vez que el juez considera que el perro es seguro para estar cerca del ganado, se le puede quitar la correa y comienza el tiempo y la prueba. A menudo, se le pide al perro que permanezca en su lugar mientras el manejador se mueve a una posición más apropiada en relación con el ganado. Luego, el perro debe mover el ganado hacia el otro extremo del recinto, alrededor del otro pilón, y luego de regreso hacia su posición original.

Los cinco elementos de la prueba que son evaluados por el juez consisten en una pausa controlada al principio, así como dos cambios de dirección mientras exhibe un movimiento controlado del ganado. El perro debe detenerse a la orden y una vez que el ganado ha sido devuelto a su posición original, el perro debe dejar el ganado y venir al manejador cuando se le llame. Todo esto debe completarse en menos de diez minutos.

También hay una Prueba Pre-Trial, en la que cualquier perro puede competir independientemente de si tiene un título de Herding Tested, aunque se recomienda obtener primero el título HT para entender mejor el deporte. Al igual que en la prueba HT, los perros tienen diez minutos para realizar el trabajo. El perro debe mover el ganado de un área de un recinto al lado opuesto, donde hay un corral para el ganado. Esta vez, los cinco elementos por los que el perro será juzgado son: una pausa controlada, un paso controlado del ganado con un solo cambio de dirección y el paso por cuatro puertas. También debe haber una parada en el recorrido, así como una parada adicional mientras el manejador abre la puerta del corral. El encierro del ganado es el elemento final.

Una vez que un perro pasa con éxito la Prueba Pre-Trial, puede entrar en pruebas de pastoreo, que se separan en categorías de dificultad: Iniciado, Intermedio y Avanzado. Estas pruebas son similares a las anteriores, pero incluyen obstáculos adicionales que el perro debe sortear con el rebaño. El título final que se puede obtener en estas competiciones es Herding Advanced (HX). Una vez logrado este título y acumulado 15 puntos de campeonato en las clases Avanzadas, el perro puede recibir el título de Campeón de Pastoreo.

Obediencia

"Incluso si no necesitas un adiestramiento formal, involucrar a tu Malinois en alguna actividad o deporte canino donde pueda destacarse es una forma excelente de crear un vínculo, mientras lo ejercitas física y mentalmente. He visto manejadores que al principio solo llevan a su cachorro al club deportivo por curiosidad, y terminan volviéndose asiduos, haciendo nuevos amigos y sacando títulos con su perro. Encontrar un deporte en el que tu perro sobresalga te mantendrá motivado y será muy gratificante."

MARK ROTH JR.
BlackJack Malinois

Las pruebas de obediencia son las más populares de la FCI. Demuestran la capacidad de un perro para seguir rutinas específicas y enfatizan su utilidad como animal de compañía. El objetivo es exhibir la capacidad del perro para comportarse y obedecer órdenes no solo en casa, sino en público y alrededor de personas extrañas y otros perros. La precisión y la exactitud son claves, y por eso los Malinois Belgas tienen tanto éxito: son inteligentes, intuitivos y dedicados a su trabajo, lo que los convierte en perros ideales para la competición de obediencia.

Los comandos requeridos en obediencia variarán según el nivel de competición. Los niveles más bajos se realizan con correa, mientras que los más avanzados requieren que todo el trabajo se haga sin correa. Se les pide a los perros que se sienten, se acuesten, se queden quietos, caminen al lado, recuperen pesas, salten obstáculos y vengan cuando se les llame. Aunque estos parecen comandos básicos, se combinan en la competición para presentar un desafío apropiado para el nivel de los competidores.

En la clase Novato, los perros deben recibir tres puntuaciones aprobatorias con dos jueces diferentes para obtener el título de Perro de Compañía (CD). Luego, pueden competir en la clase Abierta, donde el desafío aumenta mediante el uso de trabajo sin correa, recuperación y desafíos de salto, y también necesitan tres aprobaciones para obtener el título de Perro de Compañía Excelente (CDX).

La clase de obediencia más desafiante es la clase de Utilidad, que incluye discriminación de olores, saltos, ejercicios de señales silenciosas y recuperaciones dirigidas. Se deben cumplir las mismas calificaciones que en las clases anteriores para obtener el título de Perro de Utilidad (UD). Más allá de eso, los perros deben calificar tanto en las clases Abierta como de Utilidad el mismo día para obtener el título de Perro de Utilidad Excelente (UDX). El título de

Foto cortesía de
Chandra Martinez

obediencia más alto que un perro puede obtener es el de Campeón de Prueba de Obediencia (OTCH). Para obtenerlo, los perros deben recibir 100 puntos, el primer lugar tanto en Abierta B como en Utilidad B, más el primer lugar en alguna de las clases. Cada año, a un perro se le otorga el título de Campeón Nacional de Obediencia (NOC); solo los tres mejores Malinois de obediencia del año son invitados a competir por este premio.

Agilidad

Los Malinois Belgas son conocidos por ser rápidos y ágiles, por lo que no es raro verlos en el círculo de ganadores en cualquier evento de agilidad. La agilidad requiere que los perros y sus manejadores recorran un circuito de obstáculos lo más rápido posible. Hay un límite de tiempo, el "tiempo estándar del recorrido", y cualquier perro que supere este tiempo recibe penalizaciones. También hay penalizaciones si derriban barras de los saltos, se salen del recorrido o rechazan un obstáculo. El perro más rápido con menos penalizaciones gana. Como deben actuar sin correa, depende de los manejadores guiarlo a través del recorrido usando solo la voz y señales con las manos. Tocar al perro o los obstáculos está prohibido y suma penalizaciones.

Los obstáculos encontrados en el ring de agilidad varían según la organización que realiza la competición. Uno de los obstáculos más comunes es la pasarela en "A", que es un obstáculo triangular hecho de dos rampas unidas por bisagras y elevadas a una altura de entre 1,5 y 1,8 metros. Las partes inferiores de cada una están pintadas de un color diferente para indicar una "zona de contacto", donde el perro debe colocar al menos una pata mientras sube y baja del obstáculo.

Un obstáculo similar es la pasarela, que es una tabla elevada de 3,6 metros con rampas en ambos extremos. La tabla central se eleva a una altura de aproximadamente 1,2 metros. La pasarela también presenta zonas de contacto en las rampas a ambos lados de la tabla central. El balancín es una tabla de 3 a 3,6 metros que pivota sobre un punto de apoyo ligeramente descentrado. Esto hace que cuando el perro sube, el otro extremo baja para que quede listo para el siguiente competidor. La tabla debe estar equilibrada de manera que permita incluso a los perros más pequeños descender al suelo en el extremo alto del balancín.

También hay una variedad de saltos que consisten en barras horizontales, paneles o aros. Los saltos se ajustan a los diferentes tamaños, así que serán más altos para un Malinois que para un Chihuahua. Uno de los obstáculos más emocionantes es el slalom, donde los perros deben zigzaguear a través de una serie de seis a doce postes verticales. Siempre deben empezar el slalom con el primer poste a la izquierda, de lo contrario recibirán una penalización. Por último, está la mesa de pausa o caja, que es una mesa elevada o un área delimitada con cinta donde un perro debe sentarse o echarse durante un período de tiempo designado, generalmente unos cinco segundos. Aunque algunas organizaciones pueden presentar otros obstáculos, estos son los básicos en la mayoría de las competiciones de agilidad.

Otros deportes

El Malinois Belga es una raza muy competitiva que sobresale en casi cualquier deporte. Además de los deportes enumerados en este capítulo, no es raro ver a los Malinois compitiendo en deportes como salto al agua, flyball, canicross, trabajo de olfato e incluso tiro de peso. Con una raza tan atlética e inteligente como esta, deberías poder adiestrar a tu Malinois para competir en casi cualquier deporte, así que no tengas miedo de probar algo nuevo. Aquí te dejamos algunos ejemplos:

Salto al agua

En este deporte acuático, los perros compiten saltando desde un muelle o plataforma a una piscina de agua. Los manejadores animan a los perros a saltar lo más lejos posible dándoles un comienzo con carrera y lanzando un juguete flotante sobre el agua. El perro que cubre la mayor distancia antes de tocar el agua gana.

Flyball

En este deporte de equipo, los perros corren uno a la vez sobre una serie de vallas para llegar a una caja que contiene una pelota de tenis. Al llegar, los perros deben presionar la almohadilla con resorte en la parte frontal de la caja para liberar la pelota. Luego, deben correr de regreso sobre las vallas hasta la línea de salida, donde sus compañeros de equipo están esperando su turno. Los equipos están conformados por cuatro perros, y gana el primer equipo que logre que sus cuatro perros crucen la meta sin derribar vallas ni soltar pelotas.

Canicross

Este deporte es ideal para dueños que quieren estar en forma como sus perros. El canicross comenzó en Europa para mantener en forma a los perros de trineo durante la temporada baja. Los corredores pueden competir con uno o dos perros. Los perros usan arneses especialmente diseñados para tirar y están unidos por correas elásticas a un cinturón que el corredor lleva en la cintura. La cuerda elástica reduce el impacto para el perro y para el corredor. La carrera es igual que cualquier carrera a pie, pero en equipo con los perros. Las distancias varían según la competición, y gana el equipo más rápido.

Trabajo de olfato

Este deporte es relativamente nuevo y simula el trabajo que hacen los perros de detección profesional. Los perros deben buscar en espacios interiores o exteriores, o vehículos, olores específicos como aceite de abedul, anís o clavo. Cuando lo detectan, deben avisarle a su manejador. Este deporte está ganando popularidad debido a que es muy accesible para perros mayores o con alguna discapacidad pueden competir junto con perros jóvenes y en forma, siempre y cuando sean capaces de señalar la presencia de olores.

Tiro de peso

Aunque es más popular entre razas bully y perros nórdicos de trineo, el tiro de peso está creciendo en todas las razas. Los perros compiten para tirar de carros o trineos a través de distancias cortas de nieve, grava, pasto o alfombra. Están equipados con arneses diseñados para distribuir el peso para reducir lesiones. Se dividen en categorías según el peso del perro y gana el que tira el mayor peso en su clase.

Treibball

Este deporte fue desarrollado para que las razas de pastoreo expresen su instinto natural en un entorno urbano sin ganado. Los perros son adiestrados para mover pelotas grandes de ejercicio hacia una portería similar a la del fútbol. El objetivo es mover ocho pelotas hacia la portería en un tiempo límite, usualmente 15 minutos. El equipo (perro y manejador) que logre pastorear las pelotas más rápido gana.

CAPÍTULO 14
Nutrición

"Busca un buen alimento para tu Malinois. Piensa en tu perro como un atleta... un atleta no comería en McDonald's todos los días, así que asegúrate de darle un alimento que le aporte todo lo que necesita".

RAYMOND FARBER
Farbenholt Kennels

La importancia de una dieta equilibrada

Para que tu Malinois crezca y se desarrolle adecuadamente, una dieta equilibrada y nutritiva es crucial. Sin los nutrientes adecuados, corre el riesgo de desarrollar problemas de salud graves e incluso mortales. Aunque una dieta equilibrada es importante para perros adultos, es esencial que los cachorros en crecimiento reciban la cantidad justa de grasas, carbohidratos, proteínas y aminoácidos para que crezcan sanos. El problema es que los efectos de una mala alimentación no se ven de inmediato. Pueden pasar semanas o incluso meses antes de que empieces a notar algo, y muchas veces los daños ya son permanentes, sobre todo si el perro es joven.

Una dieta equilibrada es una combinación precisa de nutrientes y calorías. La obesidad es un problema grave de salud y es muy común en perros domésticos, así que controlar las porciones es tan importante como elegir el alimento correcto. Recuerda, los cachorros y los adultos activos necesitarán consumir más alimento y más calorías que los perros mayores o sedentarios. Aunque los paquetes de alimento suelen traer una guía orientativa de raciones, esto no significa que debas seguirla al pie de la letra. A medida que un perro envejece, necesitará cambios en su dieta que se adecúen a los cambios en su estilo de vida, así que recuerda evaluar con frecuencia la dieta de tu Malinois y hacer las alteraciones necesarias. Si aún no estás seguro de cuánto debería comer tu nuevo compañero, o no sabes cómo identificar si tiene un buen estado corporal, lo mejor es que consultes a tu veterinario o nutricionista canino para obtener asesoramiento.

Mientras busques alimento, seguramente verás que muchas marcas anuncian sus productos como "aptos para todas las etapas de la vida". Si bien esto puede ser cierto para algunos perros, otros pueden necesitar una dieta especializada, y más aún razas de trabajo activas como el Malinois. Es posible que tengas que ir probando diferentes recetas o marcas. No esperes que tu Malinois coma el mismo alimento toda su vida: prepárate para ajustar su dieta según sus necesidades.

Nutrición básica

La mayoría de los dueños de perros, e incluso los profesionales veterinarios, eligen aprender solo los conceptos básicos de la nutrición canina. La nutrición es un tema tan complejo que incluso los nutricionistas pasan sus vidas estudiando la forma en que alimentamos a nuestros perros y cómo podemos mejorarla para beneficiarlos. Esta sección cubrirá solo los conceptos básicos, así que si tienes más preguntas o deseas el consejo de un profesional, el Colegio Americano de Nutrición Veterinaria (ACVN, por sus siglas en inglés) ha publicado una lista de nutricionistas certificados en su sitio web. Aunque tu veterinario también puede responder preguntas básicas sobre nutrición, es poco probable que tenga la experiencia suficiente para abordar consultas más complejas, por lo tanto, es mejor si contactas a un especialista.

Proteínas y aminoácidos

Los aminoácidos son compuestos orgánicos que se combinan para formar proteínas. Cuando las moléculas de proteína se descomponen durante la digestión, los aminoácidos son lo que queda. Estos son luego utilizados para sintetizar diferentes moléculas de proteína que ayudan en el crecimiento, mantenimiento y reparación de células. Se estima que aproximadamente el 30 por ciento de la ingesta diaria de proteínas de tu Malinois se destina al mantenimiento de las células en su pelaje.

Hay unos 20 aminoácidos diferentes en el cuerpo de tu perro. Más o menos la mitad de ellos los produce el propio organismo, mientras que la otra mitad se debe incorporar sí o sí a través de la dieta. Los aminoácidos en la dieta a menudo se denominan "aminoácidos esenciales" porque si falta incluso uno, tu perro no podrá producir ciertas proteínas.

Los diez aminoácidos esenciales que deben estar presentes en la alimentación de tu Malinois son:

- Arginina
- Histidina
- Isoleucina
- Leucina
- Lisina
- Metionina
- Fenilalanina
- Treonina
- Triptófano
- Valina

Los alimentos como la carne, los huevos y los lácteos suelen ser ricos en proteínas, y proporcionan el equilibrio adecuado de aminoácidos esenciales necesarios para la síntesis de proteínas. En cambio, las fuentes vegetales, aunque son válidas en la dieta humana, tienden a ser bastante bajas en proteínas y no poseen los aminoácidos necesarios para un perro. Por esta razón, las dietas vegetarianas y veganas no son biológicamente apropiadas para los perros y no deberían ser suministradas.

Grasas y ácidos grasos

Las grasas son, por lejos, la fuente más concentrada de energía que puede consumir tu Malinois. Proporcionan ácidos grasos, que son componentes básicos para el crecimiento y mantenimiento celular. Aunque cumplen funciones similares a la de los aminoácidos, los perros necesitan menos tipos de ácidos grasos esenciales en su dieta. Las grasas también son responsables de la absorción de las vitaminas liposolubles A, E, D y K. Y como plus, los alimentos con grasas suelen tener mejor sabor que los ricos en proteína, así que pueden ser una buena opción para perros con un paladar exigente.

Los ácidos grasos esenciales que debe incluir una dieta equilibrada son:

- Ácido araquidónico
- Ácido linoleico
- Ácido linolénico

Es probable que hayas oído hablar de los ácidos grasos omega-3 y omega-6. En el caso de tu perro, el ácido linoleico le proporciona ácidos grasos omega-6 y el ácido linolénico proporciona ácidos grasos omega-3. Es fundamental que su dieta contenga el equilibrio correcto de ácidos grasos, por lo que una dieta adecuada contendrá más ácidos grasos omega-6 que omega-3. Por lo general, la proporción recomendada es de 4 a 1.

Carbohidratos

En los últimos años, con el auge de las dietas más naturales o biológicamente apropiadas, los carbohidratos se han convertido en tema de debate entre los dueños de perros. Si bien los carbohidratos proporcionan a los perros algo de energía, no son una fuente esencial, ya que hay otras formas más eficientes de obtener energía. De hecho, los perros no necesitan carbohidratos para sobrevivir. Por esta razón, muchos que siguen dietas crudas optan por eliminar por completo los granos o las verduras con alto contenido de almidón. Sin embargo, la mayoría de las croquetas y muchas dietas caseras son altas en carbohidratos y muchos perros toleran bien este tipo de dieta.

El cuerpo de tu Malinois descompone los carbohidratos en glucosa, que luego se usa como fuente de energía. Muchas fuentes de carbohidratos también le proporcionan nutrientes adicionales como fitoquímicos, antioxidantes y otros minerales. Además, son una gran fuente de fibra dietética. Sin embargo, hay que tener en cuenta que si vas a incluir alimentos ricos en almidón en su dieta, asegúrate de que estén bien cocidos. Si no, podrían fermentar en el intestino grueso y causarle malestar digestivo.

Alimentación de perros en diferentes etapas de la vida

"Cuando se trata de nutrición, cada Malinois Belga es diferente. Encuentra lo que le funciona bien a tu perro y mantente con eso. Mi perra de 12 años lleva comiendo dieta cruda y suplementos desde hace 6 años, cuando tuvo cálculos en la vejiga y... ¡nadie diría que tiene 12!".

BETH ROOD
Roodhaus Belgian Malinois

Como puedes imaginar, las necesidades nutricionales de tu Malinois probablemente cambiarán a lo largo de su vida a medida que envejece. Su cuerpo y estilo de vida cambian, y su dieta tiene que adaptarse a eso. Es posible que hayas notado que muchos de los alimentos están etiquetados como aptos para "todas las etapas de la vida". Estos alimentos cumplen los estándares de la Asociación Americana de Oficiales de Control de Alimentos (AAFCO, por sus siglas en inglés), pero muchos dueños optan por adaptar las dietas de sus perros a sus etapas de vida.

Por ejemplo, cuando lleves a casa a tu cachorro de Malinois, requerirá más calorías y una proporción diferente de vitaminas y minerales. Muchos dueños eligen un alimento específicamente formulado para cachorros hasta el primer año de vida. Como adulto, lo que coma dependerá de su nivel de actividad. Alimentar a un perro de trabajo es diferente que alimentar a un perro de compañía. Este tema lo veremos más adelante en este capítulo. Cuando tu Malinois empieza a envejecer, sus necesidades calóricas van a disminuir, y éste es el momento en el cual puedes considerar cambiarlo a un alimento para perros mayores. Por otro lado, los perros

Foto cortesía de
Sam Sciolino

130

que han sido esterilizados o castrados, por lo general, también requerirán menos calorías debido a su metabolismo más lento. Las hembras preñadas y lactantes también necesitarán diferentes nutrientes que el perro adulto promedio para proporcionar a sus cachorros los nutrientes necesarios para un crecimiento y desarrollo adecuados.

Como puedes ver, no hay una sola dieta que funcione para todos. Cada perro es único, así que lo mejor es alimentarlo según sus necesidades individuales. Si tienes varios perros, puede que incluso necesites darles diferentes alimentos según sus necesidades a lo largo de sus diversas etapas de vida.

Diferentes tipos de alimentos comerciales

Las croquetas son lo que generalmente viene a la mente cuando se habla de alimentos comerciales para perros. Son, por lejos, el tipo más popular y accesible por su practicidad. Además, hay una infinidad de fórmulas pensadas para todas las etapas de la vida y necesidades de salud. Ya sea que tu perro tenga alergias, enfermedad cardíaca o sea un cachorro sano, seguro encontrarás una croqueta adecuada. Además de las opciones populares de proteínas, como carne de res, pollo y cordero, también podrás encontrar proteínas novedosas, como salmón y canguro. Muchas marcas incluso fabrican croquetas para razas específicas o tamaños de perros. También, existen croquetas especiales para perros con problemas de salud, como artritis o enfermedad renal, aunque estas solo se consiguen a través de un veterinario.

Hay un número creciente de perros que desarrollan alergias a los carbohidratos en las croquetas, como el maíz, el trigo y la soja, por lo que muchos dueños también están optando por alimentar a sus perros con dietas sin granos. En estas dietas, los granos tradicionales son reemplazados por carbohidratos con almidón como patatas y guisantes. Debe tenerse en cuenta que algunos veterinarios la desaconsejan, debido a la aparente correlación entre este tipo de dieta y la cardiomiopatía dilatada (DCM, por sus siglas en inglés). Aunque la conexión aún no ha sido probada, se sigue investigando, y ante la duda, algunos veterinarios prefieren prevenir. Si tienes alguna inquietud sobre los ingredientes en el alimento de tu perro o deseas saber más sobre la DCM, pregúntale a tu veterinario en la próxima cita o consulta a un nutricionista canino profesional.

Las croquetas se han vuelto muy populares ya que son ideales para dueños ocupados que quizás no tienen el tiempo, el conocimiento o los ingresos disponibles para hacer la comida de sus perros en casa. En los Estados Unidos, los alimentos comerciales para perros están formulados según los estándares de la AAFCO, así que puedes estar tranquilo de que le estás dando una dieta equilibrada. También suele ser la opción más económica, aunque las croquetas recetadas o especiales para tratar problemas de salud o alergias pueden ser un poco más costosas.

Los alimentos enlatados son otra opción popular, en especial para perros mayores o comedores exigentes. Estos alimentos son más suaves y tienen un olor más fuerte, lo que puede ayudar a que tu perro los acepte mejor. También contienen más humedad, ideal para perros que no beben suficiente agua por sí solos. Al igual que con las croquetas, están disponibles en una gran variedad de fórmulas para adaptarse a las necesidades individuales, así como a tu presupuesto. Pero ojo: suelen tener más calorías por porción, así que hay que estar atento al peso del perro y ajustar las cantidades si hace falta. A diferencia de las croquetas, no raspan la placa y el sarro de los dientes, así que si tu perro solo come comida enlatada es probable que debas darle masticables o hacerle limpiezas dentales con más frecuencia.

Cada vez más personas ven a sus perros como miembros de la familia, y por eso eligen darles comida fresca cocinada. Estas dietas comerciales ofrecen la comodidad de una dieta preparada y equilibrada con los ingredientes de una comida casera. Los alimentos recién cocinados también son suaves, como los alimentos enlatados, por lo que pueden ser una mejor opción para comedores exigentes o perros con problemas dentales. Suelen venir en rollos refrigerados, que se cortan en porciones y se guardan en el refrigerador. Aunque no son la opción comercial más cara, suelen costar más que las croquetas o los alimentos enlatados.

En los últimos años, muchas personas están optando por dietas biológicamente apropiadas, como la dieta cruda. Para quienes no tienen el tiempo o el conocimiento necesario, hay versiones comerciales que vienen congeladas, y están disponibles en una variedad de proteínas y tamaños de porciones. Las croquetas o hamburguesas están hechas de una mezcla equilibrada de carne, órganos, huesos y frutas o verduras. Al igual que los alimentos enlatados, las dietas crudas comerciales pueden tener un efecto perjudicial en la salud dental de tu perro con el tiempo, por lo que es común darle masticables recreativos ocasionales como un nudillo o hueso con médula para ayudar a limpiar sus dientes. Algunos dueños también complementan la dieta cruda de su perro con leche de cabra o caldo de huesos para ofrecer una mayor variedad de nutrientes. Las dietas crudas comerciales pueden ser bastante caras, en especial con una raza tan grande y activa como el Malinois, así que planifica el presupuesto con anticipación.

Dietas caseras

"Las dietas crudas son muy populares en el mundo de los perros de trabajo. Son excelentes si tienes el tiempo y los recursos. Personalmente, alimento con una dieta cruda complementada con croquetas de calidad. Esto ayuda a ahorrar tiempo en la preparación sin dejar de aprovechar los beneficios de la alimentación cruda. Lo más importante para mí en la dieta de un Malinois es la constancia. Encuentra lo que le funcione a tu perro y no lo cambies".

MARK ROTH JR.
BlackJack Malinois

Si estás interesado en tener control total sobre la dieta de tu Malinois, puedes alimentarlo con una dieta casera. Antes de comprometerte con esta decisión, es importante ser consciente de que, dependiendo de dónde vivas y los ingredientes que utilices, puede ser más cara que una dieta comercial. También requiere un compromiso de tiempo significativo, así que debes estar dispuesto a dedicarle una gran cantidad de tiempo a la preparación de las comidas. Si bien las dietas comerciales deben cumplir con estándares nutricionales, generalmente de acuerdo con la AAFCO, es tu responsabilidad asegurarte de que la dieta sea equilibrada. Como ya dijimos, cualquier desequilibrio en la dieta de tu Malinois puede no notarse de inmediato, pero con el tiempo puede afectar gravemente la salud de tu perro.

Si no estás seguro de cómo equilibrar bien la comida, es mejor buscar el consejo de un nutricionista canino certificado. El Colegio Americano de Nutrición Veterinaria (ACVN, por sus siglas en inglés) tiene una lista disponible en su sitio web. Los nutricionistas típicamente formulan las dietas de acuerdo con la AAFCO o el Consejo Nacional de Investigación (NRC, por sus siglas en inglés), y pueden ayudarte a encontrar una receta que se adapte a la salud, preferencias, ingredientes disponibles o presupuesto que tengas.

Las dietas crudas son las más populares y pueden categorizarse como Modelo de Presa Cruda (PMR, por sus siglas en inglés) o Alimento Crudo Biológicamente Apropiado (BARF, por sus siglas en inglés). Las PMR están diseñadas para simular la dieta de un perro salvaje y utilizan porcentajes estimados de la carne, hueso y órgano que tiene un animal de presa. Por lo general, esto consiste en 80% de carne muscular, 10% de hueso y 10% de órgano, aunque estos porcentajes pueden ajustarse a las necesidades individuales de cada perro. Algunas dietas PMR incluyen una pequeña cantidad de frutas y verduras, pero la mayoría no.

La segunda categoría de dieta cruda, BARF, permite un mayor porcentaje de verduras y también pueden incluir carbohidratos con almidón. Muchos que siguen las dietas cruda, también complementan con leche de cabra, caldo de pescado fermentado o caldo de huesos. Los huesos pueden ser molidos o procesados, o el perro puede masticarlos por sí mismo. Es importante tener en cuenta que muchas dietas crudas basadas estrictamente en porcentajes pueden carecer de nutrientes como la vitamina E, zinc o manganeso, por eso, siempre se recomienda consultar a un nutricionista para ayudar a formular una receta equilibrada apropiada para tu Malinois.

Hay quienes prefieren cocinar la comida en lugar de darla cruda. Las dietas cocidas son ideales para perros (o familias) que no toleran bien la carne cruda o que necesitan evitar riesgos sanitarios, como en hogares con personas inmunosuprimidas. Los ingredientes se asemejan a los de las dietas crudas, pero se hornean o hierven antes de dárselos al perro. También suelen contener carbohidratos con almidón como cebada o arroz. Si bien se pierden nutrientes durante el proceso de cocción, es posible compensar esa pérdida con suplementos nutricionales como algas, productos lácteos y mezclas de vitaminas. Es importante recordar que los huesos cocidos nunca deben darse, ya que pueden astillarse y causar heridas internas. Para suplir el calcio de una dieta cruda, puedes usar cáscaras de huevo molidas, calcio de algas marinas o un suplemento de calcio.

Al hacer la comida en casa, es crucial que tomes todas las precauciones de seguridad para mantener a tu perro y a tu familia seguros. Como ya se mencionó, si tu perro es de los que mastican con fuerza, ten cuidado con los huesos grandes que soportan peso, como los de las patas, ya que pueden provocar fracturas dentales. Aunque muchos usan estos tipos de huesos como masticables recreativos, puede significar problemas para los masticadores intensos. Siempre debes vigilar a tu perro para poder intervenir si sucede algo. Y si tienes un perro que prefiere tragar su comida entera en lugar de masticarla, es mejor darle huesos molidos o huesos que sean lo suficientemente grandes como para que ni siquiera pueda intentar tragarlos.

Al alimentar con una dieta casera, es tu responsabilidad asegurarte de que la dieta de tu perro sea equilibrada y segura. También debes tomar precauciones para mantener a tu familia protegida de posibles bacterias. Aunque los casos de enfermedad en hogares que usan dieta cruda son casi nulos, es importante seguir protocolos de higiene adecuados al manipular carne cruda. Limpia el área de preparación, y trata de que tu perro no lleve trozos de carne o huesos crudos por la casa. Muchos eligen alimentar dentro de una perrera, así evitan que el perro esparza restos en alfombras o muebles. También hay quienes limpian las patas o el hocico del perro después de comer, o simplemente evitan los "besos" por un rato después de las comidas.

Control de peso

Según la Asociación para la Prevención de la Obesidad en Mascotas, aproximadamente el 52% de los perros adultos en los Estados Unidos tienen sobrepeso o son obesos. Más del 90% de sus dueños ni siquiera se dan cuenta. La obesidad es uno de los problemas de salud más comunes entre todas las razas de perros, y puede afectar gravemente la capacidad de tu perro para disfrutar de la vida. Puede conducir a muchos otros problemas de salud, incluidos problemas articulares como la artritis. Si bien puede ser tentador darle un sabroso premio cada vez que te mira con ternura, debes atenerte por el bien de su salud. Además de controlar el peso de tu perro en casa, también es buena idea que le preguntes a tu veterinario en cada chequeo si está dentro de un rango saludable. Aunque hay un peso promedio recomendado para la raza, no todos los Malinois estarán saludables dentro de ese rango. El peso ideal dependerá del tamaño, es decir que, aunque dos Malinois pueden pesar lo mismo, es posible que uno sea delgado mientras que el otro tiene sobrepeso si difieren significativamente en altura.

El tamaño de las porciones es uno de los factores más importantes para mantener a tu Malinois en un peso saludable. Además de alimentarlo con la cantidad adecuada de comida, no olvides calcular las calorías diarias de premios de entrenamiento y masticables comestibles. Es posible que olvides ese puñado de premios durante una sesión de entrenamiento, pero la cintura de su perro no lo olvidará. Si estás preocupado por el peso de tu perro, podrías cambiar sus premios altos en calorías por opciones saludables como verduras. Las frutas también son una buena opción, pero con moderación, debido al alto contenido de azúcar.

Como una raza activa y de mucha energía, la mayoría de los Malinois Belga están más que felices de quemar esas calorías extra con una buena caminata o una sesión larga de juegos. Cuantas más ejercicio haga, más comida podrá consumir. Si no estás dispuesto a restringir su comida, asegúrate de ejercitarlo más. Además de mantenerlo en un peso saludable, lo ayudará física y mentalmente. Un Malinois cansado es menos propenso a tener malos comportamientos por el aburrimiento, así que no dudes en mantener a tu perro tan ocupado y activo como sea posible.

Alergias e intolerancias alimentarias

A medida que decides con qué alimentar a tu Malinois, es importante controlar si tolera cualquier alimento nuevo que introduzcas en la dieta. Se estima que aproximadamente el 10% de todas las alergias diagnosticadas en perros son alergias alimentarias, por lo que, aunque la tasa es bastante baja, es importante entender qué buscar. Las reacciones alérgicas se deben a una reacción del sistema inmunológico en respuesta a ciertas proteínas. Las intolerancias, por otro lado, aparecen como malestar digestivo o una incapacidad para digerir ciertos ingredientes. Uno de los síntomas más comunes de las alergias es la picazón severa en todo el cuerpo. Dependiendo de la gravedad, tu perro también puede experimentar puntos calientes, infecciones de oído o piel, vómitos y diarrea. Los alimentos comunes que pueden generar reacciones alérgicas o malestar digestivo son: carne de res, cordero, pollo, maíz, trigo y soja.

Diagnosticar una alergia o intolerancia alimentaria no es una tarea simple. Aunque tu veterinario puede hacer diferentes pruebas, los resultados no son del todo confiables. La mayoría de los veterinarios recomiendan una dieta de eliminación para ayudar a determinar la proteína o proteínas específicas que están causando el problema. Estas dietas consisten en ingredientes limitados, con una proteína nueva como salmón o canguro, que tu perro no haya probado nunca. Después de que haya pasado suficiente tiempo para que los síntomas disminuyan, se agregan nuevas proteínas una a la vez mientras se monitorea al perro para detectar reacciones. Cada proteína debe ser dada durante varias semanas antes de que se determine que es segura.

Si introduces un ingrediente nuevo y ves que tu perro empieza a rascarse o tener problemas digestivos, sabrás que esa proteína debe ser eliminada de la dieta. Es importante tener en cuenta que al realizar una dieta de eliminación, tu perro no puede tener ningún premio o bocadillo fuera de su dieta restringida. Si quieres darle premios, usa su comida o premios con ingredientes que complementen su dieta.

Si no se puede determinar la causa específica de la reacción, tu veterinario puede recomendar una dieta hipoalergénica, que solo está disponible bajo receta. Las dietas hipoalergénicas comerciales están formuladas con proteínas hidrolizadas, y es menos probable que alteren el sistema inmunológico. Suelen ser bastante caras, por lo que quizás desees considerar una dieta de eliminación primero antes de recurrir a una hipoalergénica.

Nutrición para perros de trabajo

Si tu Malinois está muy involucrado en deportes caninos o es mucho más activo que un perro promedio, sus necesidades nutricionales serán diferentes. Los atletas caninos requieren un perfil de nutrientes con un aumento significativo en las calorías. Se estima que los perros de trabajo consumirán de 1,5 a 2,5 veces más que la mascota promedio para mantener un peso saludable. Esto sucede especialmente con los perros que trabajan en climas muy calientes o fríos, ya que pueden quemar calorías adicionales para regular sus temperaturas internas. La dieta de un perro de trabajo también contiene un mayor contenido de proteínas y grasas, pero se debe tener cuidado ya que las dietas altas en grasas pueden causar problemas como pancreatitis o malestar digestivo. El malestar digestivo también puede ocurrir si son alimentados justo antes o después de una actividad física extenuante. Muchos entrenadores profesionales recomiendan esperar al menos una hora entre la comida y el ejercicio.

La proporción exacta de carbohidratos, grasas y proteínas necesarias variará según su metabolismo individual, así como el tipo de trabajo que está haciendo. Los perros que se consideran atletas de "sprint" típicamente trabajan en ráfagas cortas e intensas. La mayoría de los deportes caninos, como la agilidad y los deportes de protección, caerán en esta categoría. Los atletas caninos que realizan este tipo de trabajo probablemente no necesitarán un gran aumento en las calorías y les irá bien con un alimento que contenga unas 300 a 400 calorías por porción. Se recomienda que el contenido de carbohidratos sume entre un 40% a 50%. Las grasas deben medir por debajo de un 15% y la proteína debe estar alrededor del 25%. La medición de materia seca es el método más preciso para medir el contenido de los alimentos para perros, ya que el contenido real de agua variará según la marca.

Las mediciones se toman una vez que se elimina toda la humedad. Estos números por lo general están disponibles en el empaque de la comida de tu perro, sin importar qué marca sea. También puedes encontrar estos números en su sitio web.

Los perros que trabajan durante períodos más largos, hasta unas pocas horas de actividad física intensa, pueden necesitar un aumento de grasa en su dieta. Se recomienda un contenido de grasa de aproximadamente 30% a 35%. De

Foto cortesía de Therese Barrett

nuevo, si tu perro cae en esta categoría, deberás ajustar sus calorías diarias para mantener un peso saludable.

Los verdaderos atletas de resistencia son perros que están involucrados en actividad física durante varias horas o más a la vez. Estos perros necesitarán el alimento más denso en nutrientes, idealmente alrededor de 500 a 600 calorías por porción. También necesitarán un aumento en grasa y proteína. Su alimento debe medir alrededor del 30% al 35% de cada uno, dependiendo del perro individual y las actividades específicas. También necesitarán un número mucho mayor de calorías cada día en comparación con perros menos activos.

Si tienes alguna duda sobre la alimentación de tu perro de trabajo, contacta a un nutricionista veterinario certificado. Muchos se especializan en dietas para perros de trabajo, por lo que podrán ayudarte a encontrar la dieta ideal. Aunque la nutrición es solo un aspecto del cuidado, no debe pasarse por alto si deseas mantenerlo en óptimas condiciones. Siempre busca el consejo de profesionales en caso de dudas o inquietudes.

Los perros de trabajo también requieren mucha agua. Se estima que estos perros pueden consumir de 10 a 20 veces más agua. La cantidad necesaria para mantener la hidratación también aumenta en altas temperaturas, así que asegúrate de que siempre tenga acceso a agua fresca y limpia. Si bien nunca debes limitar la ingesta, es importante evitar que se llene estómago de agua durante o justo después de una actividad física vigorosa. Aunque los Malinois Belga no son propensos a la dilatación gástrica, un estómago lleno de agua durante una sesión de entrenamiento intensa podría aumentar el riesgo de que suceda, y puede ser mortal. Lo mejor es que tome bebidas frecuentes pero en porciones pequeñas.

CAPÍTULO 15
Ejercicio físico y mental

La importancia del ejercicio físico

Existen numerosos beneficios al darle a tu Malinois un ejercicio físico adecuado. En primer lugar, la actividad física es crucial para mantener un peso saludable. Además del control adecuado de las porciones, el ejercicio puede ayudar a mantener a tu perro esbelto y en forma. Sin actividad física, corre el riesgo de tener sobrepeso u obesidad, lo que ejerce una presión excesiva sobre sus articulaciones y lo expone a problemas de salud, como artritis, diabetes y enfermedades cardíacas.

La actividad física también promueve la estimulación mental y previene el desarrollo de problemas de comportamiento relacionados con el aburrimiento. Los nuevos paisajes y olores que tu perro experimentará incluso con un paseo rápido por el vecindario, le dan un entretenimiento que no obtendrá si está

Foto cortesía de
Darcy Seeger

Foto cortesía de
Denise Casey

acostado en el sofá todo el día. A menos que haga actividades recreativas, es probable que busque entretenimiento en tu casa: masticar, cavar o escapar. Cuanto más cansado esté tu Malinois, más probable es que se comporte bien.

Sin embargo, no existe una cantidad específica de actividad física que debas darle cada día. Eso dependerá de su edad, nivel de energía y salud general. Por lo general, los cachorros y los perros mayores tendrán menos resistencia que los perros adultos en buena forma. Cualquier perro que sufra problemas de salud también necesitará menos ejercicio. La mayoría de los Malinois Belga adultos que gocen de buena salud se sentirán bien con una a tres horas de ejercicio físico al día.

Por supuesto, esto no significa que necesites pasear a tu perro durante tres horas seguidas. Este tiempo puede incluir caminatas, excursiones, sesiones de entrenamiento o incluso sesiones de juego intenso. También puede distribuirse a lo largo del día, así que si solo tienes tiempo para un paseo rápido por la mañana, puedes compensarlo cuando regreses del trabajo. Los cachorros y los perros mayores suelen preferir actividades más cortas y frecuentes, mientras que los adultos pueden adaptarse bien a sesiones que requieren mayor resistencia. Si necesitas dividir la actividad de tu Malinois a lo largo del día, lo mejor es hacer una sesión lo más larga posible por la mañana para que se quede tranquilo durante el día mientras estás en el trabajo.

También deberás variar las actividades para mantener a tu Malinois activo e interesado. Cuanta más variedad le proporciones, más feliz será y más fuerte será su vínculo. Los Malinois aman a sus familias, así que cuanto más puedas hacer con tu perro, mejor. Si disfrutas correr por senderos, montar en bicicleta o practicando paddle board, llévalo contigo. También puedes inscribirte en clases de adiestramiento. Aprender obediencia básica no solo lo ejercitará, sino que le ayudará a ser un mejor compañero. Incluso si nunca has considerado competir en deportes caninos, inscribirse en una clase de agilidad o rally podría ser una oportunidad excelente para pasar tiempo de calidad juntos y al mismo tiempo se mantiene en forma.

Foto cortesía de
Brian and Shelly Glenn

Ejercitando a los cachorros

"Tu Malinois necesitará mucho ejercicio al aire libre. Como es cachorro, debería ser juego libre, no trotar por kilómetros. Los juegos de olfato son excelentes para la estimulación mental, o enseñarle nuevos trucos."

JANET WOLFF
Stahlrosenhof Intl K-9

La mayoría de los expertos recomiendan evitar el ejercicio físico extenuante hasta que tu perro tenga al menos 18 meses. Esto se debe a que la actividad muy intensa puede dañar su cuerpo en desarrollo. Hasta que sus huesos y articulaciones estén completamente formados, existe un mayor riesgo de que se lastime. Por supuesto, esto no significa que no debas ejercitarlo, pero recuerda ser cuidadoso con el tiempo y la intensidad de las sesiones.

Las sesiones deben ser cortas, no solo por la salud de sus, sino también por su poca capacidad de atención. Por lo general, de cinco a quince minutos es más que suficiente para que sean efectivas. Estas sesiones pueden repetirse a lo largo del día, pero es importante terminar antes de que tu cachorro se canse o pierda la concentración. Si notas que tu Malinois comienza a distraerse alrededor de los siete minutos, trata de terminar a los cinco minutos para que no se sienta agotado o frustrado. Cuanto más intensas sean sus sesiones, más cortas deberían ser para evitar que tu perro se vuelva reacio o no muestre interés en la próxima sesión.

Al ejercitar a tu cachorro de Malinois, es crucial que le permitas establecer sus propios límites. Si las sesiones de juego se extienden a 20 minutos o más, está bien, pero no esperes llevarlo a una caminata de diez kilómetros. La mayoría son conscientes de cuánto pueden aguantar y lo dejarán en claro.

Una vez que haya sido completamente vacunado, podrías inscribirlo en una clase para cachorros. No solo a le enseñan los fundamentos de la obediencia o la agilidad, sino también a socializar, y es una oportunidad para jugar con otros cachorros. Es una excelente manera de enseñarle cómo comportarse, además de darle la oportunidad de cansarse jugando.

La importancia del ejercicio mental

"El ejercicio mental puede abordarse a través del entrenamiento de obediencia. Aunque no lo creas, entrenar a tu perro en obediencia realmente les hace pensar las cosas... ya que tu Malinois querrá hacerlo bien. No podrás vivir con un Malinois que reciba poco o ningún ejercicio. La raza fue criada para pastorear, trabajar, o hacer alguna actividad. Estar tumbado por la casa no funcionará para esta raza, y (si no se le da una salida para su energía) pueden volverse destructivos... principalmente por aburrimiento."

RAYMOND FARBER
Farbenholt Kennels

Como una raza inteligente y de alto impulso, la estimulación mental es un aspecto crucial del cuidado de cualquier Malinois Belga. Si no estimulas mentalmente a tu Malinois, es probable que la busque en otro lugar, lo que puede resultar en un comportamiento destructivo. Estos perros pueden destruir muebles y objetos de tu casa en cuestión de minutos. La estimulación mental hace mucho menos probable que descargue su frustración en tus muebles.

Además, es crucial para los perros con problemas de salud o movilidad. Para cachorros y perros mayores, un aumento en la estimulación mental puede compensar su falta de actividad física. Actividades como juegos, juguetes y sesiones de entrenamiento son ideales para involucrar la mente de tu perro sin sobrecargar su cuerpo. Cualquier cosa que involucre olores interesantes es atractiva para la mayoría.

Recuerda, las actividades que involucran la mente probablemente serán mucho más agotadoras que aquellas que solo involucran su cuerpo. Es posible que tu Malinois pueda caminar todo el día y aún quiera jugar un intenso juego de buscar cuando llegue a casa, pero se canse después de solo 15 minutos. Esto es súper normal, por lo que es importante que mantengas las sesiones cortas y simples. Intenta concentrarte en una o dos tareas por sesión si es posible. Si tu Malinois se confunde con lo que le estás pidiendo, vuelve a algo simple que él conozca y termine la sesión allí. Si lo presionas, puedes frustrarlo y desalentarlo para futuras sesiones de entrenamiento.

Foto cortesía de
Aaron Zenz

Tiempo de juego

"Los Malinois Belga requieren ejercicio diario, correr por el patio o jugar a buscar durante unos minutos no es suficiente. Hacer senderismo, caminar, correr son todos excelentes ejercicios que fortalecen el vínculo entre el dueño y el perro. La obediencia, agilidad, pastoreo, trabajo de olfato o entrenamiento de trucos son altamente recomendables."

SUZANNE J BELGER
Desert Mountain Malinois

*Foto cortesía de
Marsha Esslinger*

Foto cortesía de
Sara Golac

El juego es una parte esencial de la rutina de ejercicio físico y mental de tu perro. No solo trabaja su cuerpo y mente juntos, sino que jugar es un gran alivio del estrés que lo relaja después de sesiones intensas. Algunos Malinois pueden preferir jugar solos con juguetes, mientras que otros prefieren una cita de juego con un amigo canino. Si prefiere disfrutar de un buen juguete para masticar por su cuenta, también puedes esconder comida o golosinas para mantenerlo comprometido mientras intenta descubrir cómo sacar la comida. Para aumentar el desafío, también puedes congelar las golosinas dentro del juguete. Los juguetes de rompecabezas también son una excelente manera de proporcionarle un desafío mental. Normalmente están hechos de madera o plástico y tienen muchas solapas, puertas deslizantes y recipientes que deben ser maniobrados para acceder a las sabrosas golosinas en su interior. Vienen en varios niveles de dificultad, por lo que puedes rotarlos para que sea un nuevo desafío cada vez que le des un juguete lleno de golosinas.

Algunos Malinois Belga prefieren la compañía de otro perro en lugar de una sesión de juego en solitario. Si no tienes otro perro en casa, puedes organizar citas de juego con perros de amigos y familiares. Son una excelente manera de mantenerlo física y mentalmente estimulado y que socialice con otros perros amigables y juguetones. Cuantas más juegue, más feliz y tranquilo estará. Sin embargo, es importante asegurarse de que cualquier compañero de juego sea amigable para no exponer a su perro a una situación que lo haga sentir incómodo o retrasar su socialización. Por eso, mejor si es con perros que conoces y en los que confías; y siempre bajo supervisión, para poder intervenir en caso de que se genere alguna situación indeseada.

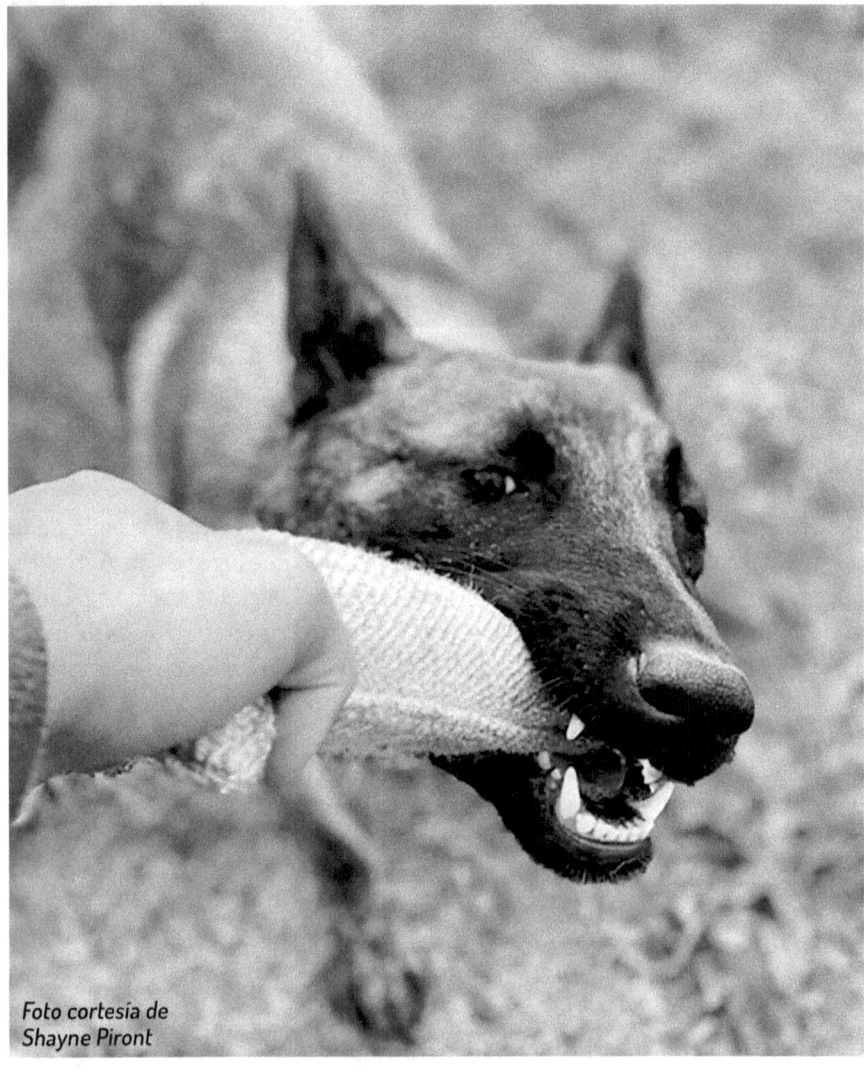

Foto cortesía de
Shayne Piront

Si tu Malinois prefiere jugar con sus humanos, también puedes adoptar un enfoque más práctico para las sesiones de juego. Un juego de persecución, tirar de la cuerda o buscar los ejercitará a ambos y fortalecerá su vínculo. Otra actividad divertida es esconder golosinas alrededor de tu casa y dejar que las busque usando su sentido del olfato. Este juego estilo "búsqueda del tesoro" es especialmente útil para cachorros y perros mayores que pueden no tener la capacidad física para tipos de juego más vigorosos.

Cada Malinois Belga es un individuo, por lo que el tipo de juego favorito de cada perro es diferente. No dudes en experimentar con diferentes tipos de juego para descubrir lo que más le gusta. Si parece desinteresado en ese nuevo juguete que le compraste, no te desesperes, puede que solo prefiera un buen juego de buscar o tirar de la cuerda. No importa cómo le guste jugar a tu Malinois, es importante que le des todas las opciones posibles para mantenerlo feliz y saludable.

CAPÍTULO 16
Acicalamiento

Conceptos básicos sobre el pelaje

El pelaje del Malinois Belga no requiere mucho mantenimiento. Su manto corto de doble capa necesita cepillado de vez en cuando y baños solo cuando sea necesario. Tienen una capa externa más rígida y resistente a la intemperie, y una subcapa suave y densa. En conjunto, protegen a tu perro tanto del calor como del frío. Como ocurre con la mayoría de las razas de doble capa, el Malinois nunca debe ser rasurado, ya que lo dejaría sin protección contra temperaturas extremas. Además, esto puede provocar que su pelaje no vuelva a crecer o que haya un cambio en su textura.

Los Malinois Belga no son perros que suelten mucho pelo. La mayoría muda poca cantidad durante todo el año, pero experimentará una muda completa dos veces al año. La mayoría cepillan a sus perros unas pocas veces por semana. Durante los períodos de muda intensa, se recomienda hacerlo diariamente para eliminar el pelo suelto y evitar que se disperse por toda la casa. En cuanto al baño, debe realizarse cada 8 a 12 semanas para eliminar el exceso de suciedad y aceite del pelaje.

Herramientas esenciales de acicalamiento

Incluso si planeas llevar a tu Malinois a un peluquero canino profesional, aún necesitarás invertir en algunas herramientas esenciales de acicalamiento para mantenerlo limpio y prolijo. Para evitar que tu casa se llene de pelo, debes usar un cepillo de calidad algunas veces por semana. El tipo de cepillo que elijas dependerá de tus preferencias, pero hay algunas opciones que funcionan mejor con pelajes de doble capa. Un cepillo de goma tipo curry húmedo o seco ayudará a eliminar el pelo muerto y estimular la circulación. Muchos perros disfrutan la sensación relajante de este tipo de cepillo. Los de alambre también pueden ser otra opción, pero es posible que no saquen tanto pelo muerto como otros tipos. Los cepillos específicos para la muda son ideales para usar durante la muda estacional intensa, pero deben usarse con cuidado para evitar daños en el pelo o la piel. Si no estás seguro de qué tipo de cepillo se adapta mejor a ti y a tu perro, prueba diferentes opciones o pídele consejo a tu peluquero canino.

Si lo acicalarás tú mismo, debes comprar un champú para perros de buena calidad. El que elijas dependerá de las necesidades de tu perro y tus preferencias. Si tu Malinois sufre de problemas de piel o pelaje, uno calmante de avena o recetado puede ser lo mejor. En cambio, si goza de buena salud, podrías elegirlo según tu aroma favorito. También existen champús formulados para ayudar con la muda. Te conviene buscar uno que esté formulado con la mayor cantidad de ingredientes naturales posibles, de esta manera, menos probabilidades habrá de que tu perro desarrolle irritación cutánea. Es importante señalar que muchos champús naturales están hechos con ingredientes que producen poca espuma, por lo que verá menos burbujas que con champús con ingredientes más artificiales. Esto no significa que no quedará limpio cuando termines, solo que tardarás menos tiempo enjuagando a tu perro.

Algunos dueños de Malinois optan por aplicar un acondicionador para el pelaje después del champú, pero este es un paso opcional. Los pelajes sanos estarán bien sin acondicionador, pero si tu perro está mudando intensamente o sufriendo problemas de piel o pelaje, usa uno formulado para ayudar con el problema específico. Los acondicionadores pueden hacer que el pelaje tarde más en secarse, así que, si hace frío, es recomendable omitirlo. Si notas que podría necesitar nutrición adicional pero no quieres usar un acondicionador en crema, puedes optar por uno en aerosol que no necesita enjuague.

Si vas a cortarle tú mismo las uñas a tu Malinois, deberás decidir si prefieres comprar un cortaúñas o un pulidor. La mayoría de los peluqueros recomendarán cortaúñas de estilo tijera en lugar de estilo guillotina, ya que tienden a hacer cortes más limpios y reducen el riesgo de daño. Muchos profesionales también recomiendan pulidores. Existen de cable o inalámbricos y evitan que cortes las uñas de tu perro demasiado cortas. La herramienta que elijas dependerá de tus preferencias y las de tu perro, así que analiza cuál funcionaría mejor para tu situación.

Baño

"Sugeriría baños aproximadamente cada 5 meses (dependiendo de cuánta suciedad acumule el perro en su vida diaria). Y que los baños comiencen desde que es cachorro, tal vez incluso a los 5 meses, mismo aunque no lo necesite. Permitir que diferentes manos toquen al perro ayudará a que acepte que extraños lo manipulen o lo toquen. Esto también servirá cuando el perro tenga que ir al veterinario".

RAYMOND FARBER
Farbenholt Kennels

Por suerte, el Malinois tiene un pelaje que no requiere mucho mantenimiento, por lo que no tendrás que bañarlo tan seguido. La mayoría de los peluqueros recomiendan hacerlo cada 8 a 12 semanas, dependiendo del estilo de vida de tu perro y la condición de su piel y pelaje. Si bien puede ser tentador bañarlo con frecuencia para mantenerlo con un olor fresco, puede ser perjudicial. Puede resecar tanto la piel como el pelaje, provocando irritación y caspa. Sin embargo, no se recomienda dejar pasar mucho tiempo, ya que puede acumular demasiada suciedad, aceite y pelo muerto, lo que también causaría varios problemas cutáneos.

Al bañar a tu Malinois, asegúrate de que el champú llegue hasta la piel, usando un cepillo de goma tipo curry para distribuirlo de manera uniforme. Los sistemas de baño profesionales, como el Hydrosurge, pueden ayudar, pero pueden ser bastante costosos.

Es muy importante que tengas cuidado al frotar alrededor de las áreas más sensibles de tu perro. Si estás utilizando un cepillo de goma, evita usarlo en su cara y en las partes óseas de sus patas, ya que son zonas delicadas y deben lavarse a mano para evitar lesiones. Además, asegúrate de que no entre champú en sus ojos y orejas, para esto puedes usar bolas de algodón, pero recuerda quitárselas luego. También puedes tener a mano un enjuague ocular, en caso de que le entre champú en los ojos. Sin embargo, si tienes precaución, no deberías tener ningún problema.

Aunque lavar a fondo el pelaje es importante, es aún más crucial que enjuagues por completo el champú. Los residuos de champú pueden causar

*Foto cortesía de
Briana Haydel*

irritación cutánea y zonas calientes, por eso debes asegurarte de haber enjua-
gado el pelaje lo más minuciosamente posible. Una vez que creas que ha eliminado todos los residuos, enjuaga una vez más para estar seguro. Si vas a aplicar un acondicionador después, también asegúrate de enjuagarlo hasta que no
queden rastros.

Si decides llevar a tu Malinois a un peluquero profesional, es probable que
lo seque con un secador de alta velocidad, que son lo suficientemente potentes
como para separar el pelaje y secarlo hasta la piel. También pueden eliminar
la piel muerta y el pelo, ahorrándote tiempo de cepillado más tarde. Para el
acicalador doméstico, los secadores de alta velocidad pueden ser muy conveni-
entes, pero son costosos y difíciles de manejar si no estás familiarizado con su
uso. En el caso de que quieras usar uno en casa, pídele consejo a tu peluquero.
También podrá indicarte cómo hacer para que tu Malinois se quede tranquilo
durante el proceso.

Otra opción podría ser un secador de mano. Pero cuidado: si lo pones en
modo de aire caliente, no lo uses tan cerca a la piel de tu perro porque podrías
quemarlo. Durante el proceso, puede ser útil tener una mano en el secador (a una
distancia segura) y la otra en el perro. Por supuesto, secar con toalla es el método
más fácil, pero ten en cuenta que no queda completamente seco y puede sacudir
el exceso de agua y pelo por toda la casa y los muebles.

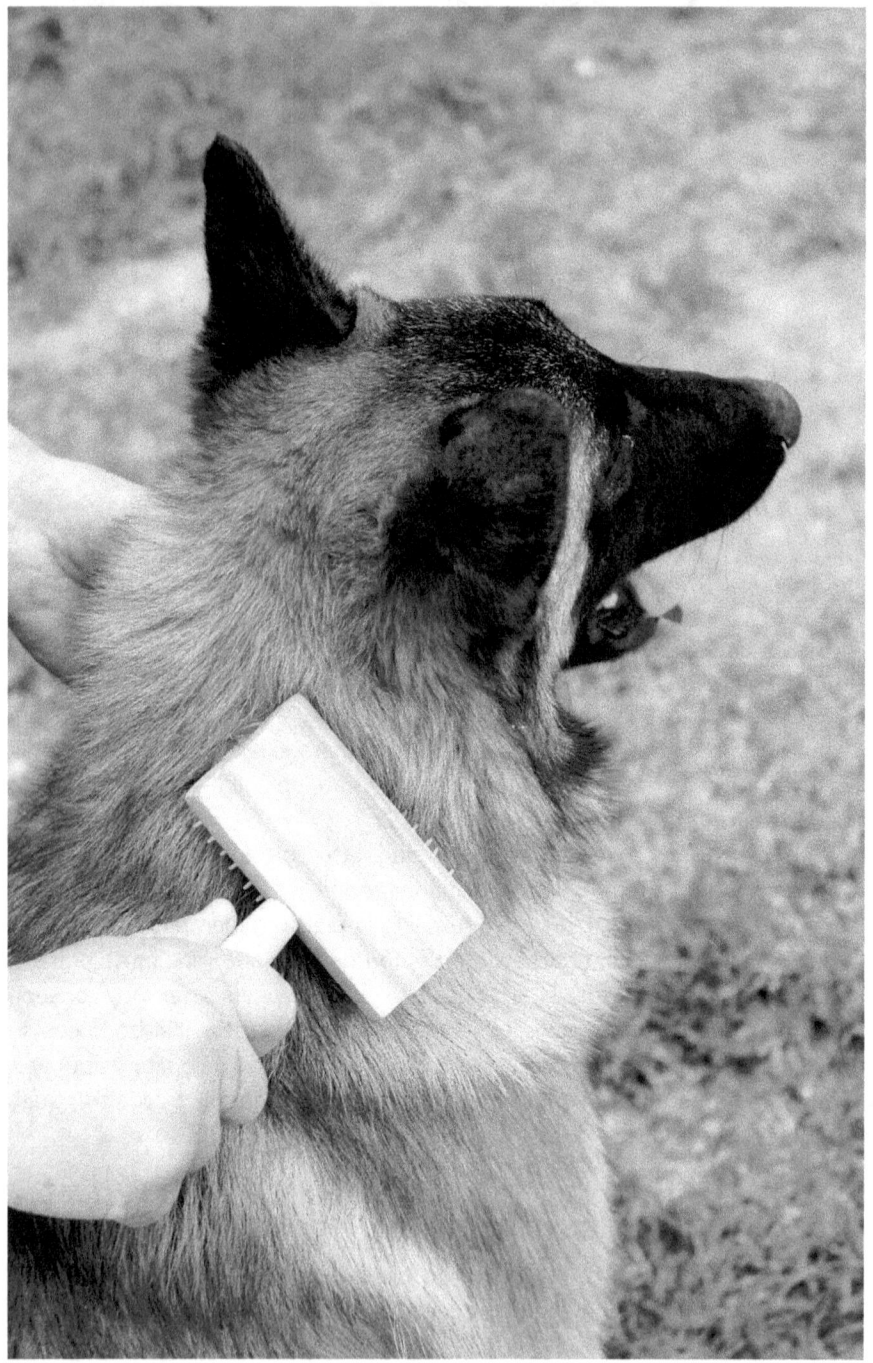

Cepillado

La mayoría de los dueños y peluqueros recomiendan cepillar al Malinois entre una y tres veces por semana durante la mayor parte del año. Esto debería ser suficiente para minimizar el pelo en el piso de tu casa entre visitas al peluquero. Durante la muda bianual, es posible que debas cepillarlo todos los días. Es importante que lo hagas tan pronto como llegue a casa para que se acostumbre al proceso. Será una experiencia de por vida para él, por lo que cuanto antes lo acepte, mejor.

Ya sea que elijas un cepillo de goma tipo curry o un cepillo especial para la muda, es importante que lo hagas con suficiente presión para eliminar el pelo muerto, pero no tanta como para lastimarlo. Si no sabes cómo utilizar el cepillo, o necesitas ayuda para elegir las herramientas adecuadas, consulta a tu peluquero para obtener un buen asesoramiento.

Limpieza de ojos y orejas

Debido a sus orejas erguidas, los Malinois Belga no son propensos a desarrollar infecciones de oído, pero si no haces el cuidado básico, podría ocurrir. Por lo general, esto ocurre después de que la humedad entra en el canal auditivo mientras nada o se baña. Cuando se combina con el calor corporal, la humedad crea el ambiente perfecto para que se generen hongos y bacterias. Es importante limpiar sus orejas con regularidad, y más aún si estuvieron en contacto con el agua.

Los síntomas de infecciones de oído pueden incluir rascarse una o ambas orejas, enrojecimiento, hinchazón o un olor desagradable. Desafortunadamente, no existe un remedio casero efectivo y deberás llevar a tu Malinois al veterinario para un diagnóstico adecuado. Como las infecciones pueden ser causadas por bacterias u hongos, se deberá tomar una muestra de la oreja afectada para determinar el curso correcto de tratamiento. A menos que dejes pasar mucho tiempo, las infecciones de oído son fáciles de tratar con medicamentos orales o tópicos.

Para hacer la limpieza en casa, deberás comprar un limpiador y bolas de algodón. Los limpiadores de orejas pueden contener alcohol o no, y es importante reconocer la diferencia entre ellos. Los que contienen alcohol son ideales para secar las orejas luego de nadar. Sin embargo, si tu perro ya tiene una infección o sensibilidad, le puede arder. Si ese es el caso, se recomiendan limpiadores sin alcohol.

Se puede decir que es un proceso simple. Primero, humedece una bola de algodón con el limpiador y exprime el exceso de líquido. Limpia suavemente alrededor del canal auditivo. No temas limpiar tan profundo como puedas alcanzar con tu dedo. Es importante que uses solo tus dedos y una bola de algodón, pero nunca un bastoncillo. Son lo suficientemente estrechos como para dañar los canales auditivos. Cuando hayas limpiado toda la suciedad visible y la cera del oído, puedes pasarle una bola de algodón seca para absorber el limpiador restante. Este paso no es necesario, pero evita que tu perro se seque en los muebles o la alfombra.

Pocos Malinois Belga desarrollan manchas de lágrimas, por lo que limpiar sus ojos no será un problema. Si comienza a producir un exceso de lágrimas, llévalo al veterinario para descartar problemas graves. Es normal que muchos perros desarrollen un poco de secreción costrosa en las esquinas de sus ojos, por lo que es posible que debas limpiarla. Los limpiadores de ojos están disponibles en forma líquida o en almohadillas húmedas. Si eliges la forma líquida, puedes aplicarla en una bola o almohadilla de algodón, o incluso en un paño suave, para limpiar suavemente cualquier secreción alrededor. La mayoría son seguros, pero ten cuidado de no pinchar o rasguñar los ojos de tu perro con el paño o con tus dedos.

Corte de uñas

"A los Malinois Belga se le deben cortar las uñas una vez a la semana para que no estén demasiado largas y sus patas se mantengan prolijas. Las uñas largas pueden afectar la capacidad del perro para trabajar y divertirse".

SUSIE WILLIAMSON
Merson Belgian Malinois

Cortarle las uñas a tu Malinois debe ser una parte regular de su rutina de acicalamiento, ya sea que lo hagas tú o un profesional. Desafortunadamente, no hay un horario establecido para el corte de uñas, eso dependerá de qué tan rápido le crezcan . Algunas crecen más rápido que otras y si tu perro suele caminar sobre pavimento, en lugar de tierra suave o césped, es posible que le debas cortar las uñas con menos frecuencia. Algunos consideran que una vez por semana es suficiente para mantenerlas cortas y prolijas, mientras que otros preferirían hacerlo mensualmente. Al principio, puede ser útil cortar sus uñas más seguido para que se acostumbre al proceso.

Primero deberás localizar la matriz de la uña, ya que cortarla puede ser doloroso y sangrar bastante. En uñas de color claro, será más fácil, pero puede ser difícil de ver si son oscuras. Deberás recortar en capas delgadas para evitar cortar demasiado, y estar atento a un círculo de color más oscuro en el medio de la uña. Si ha pasado mucho tiempo desde el último recorte, pueden pasar varias capas antes de que lo notes, pero una vez que veas el área oscura, debes parar. Este es el final de la matriz y si continúas recortando, lastimarás a tu perro. A medida que repites este proceso con cada uña, recorta los espolones, en caso de que tenga.

Si prefieres no hacerlo tú mismo, acude al peluquero o veterinario. Los cortes de uñas son bastante económicos, menos de 20 euros en la mayoría de los lugares. Muchos también ofrecen la opción de cortar o pulir, lo que elijas dependerá de tus preferencias y las de tu perro. Además, los profesionales tiene la habilidad de manejar perros inquietos o nerviosos, por lo que lo harán de manera más eficiente y rápida que si lo intentas tú solo en casa. Pero si estás interesado en aprender, ellos pueden enseñarte.

Cepillado de dientes

Para mantener la salud dental de tu Malinois, es clave que cepilles sus dientes todos los días. El sarro tiende a acumularse rápidamente, dependiendo de la dieta, y puede causar problemas si no se trata. La enfermedad periodontal es muy dolorosa y puede hacer que tu perro tenga dificultades para comer e incluso perder dientes. Las bacterias de la placa y el sarro pueden ingresar al torrente sanguíneo y causar infecciones en órganos vitales. Por suerte, esta enfermedad se puede prevenir con cuidados en casa y chequeos regulares.

Para mantener la salud dental de tu Malinois, asegúrate de que tenga su propio cepillo de dientes y pasta. Muchos cepillos de dientes para perros se asemejan a los

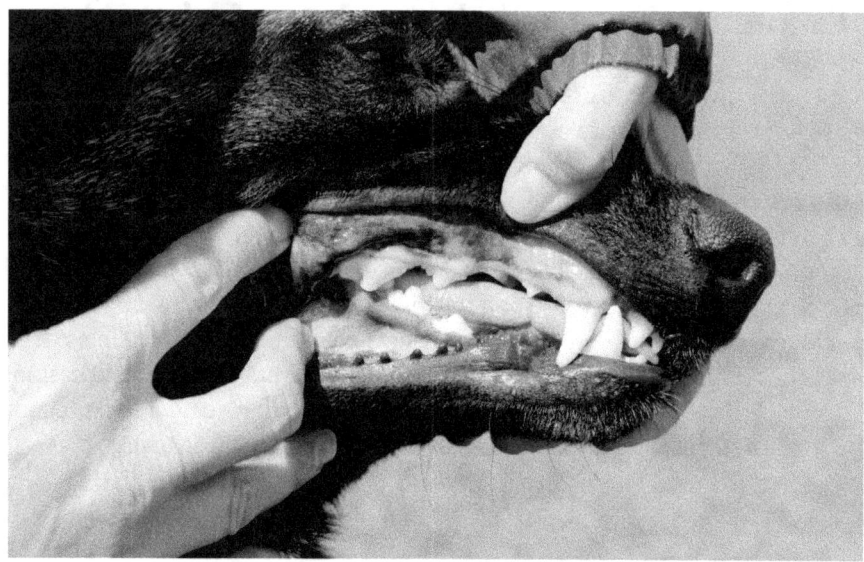

que usamos nosotros, aunque también existen los que se ajustan sobre tu dedo o cepillan todos los dientes a la vez. El que elijas dependerá de tus preferencias, por ejemplo: si sabes que tu perro morderá el cepillo, no vayas con el que se coloca en el dedo. Muchos optan por los que son para niños, ya que tienen el tamaño y la suavidad adecuados. Sin embargo, es importante que la pasta de dientes que uses sea sí o sí para perros, ya que la de humanos puede contener ingredientes tóxicos para ellos. Puedes encontrarlas en una variedad de sabores: vainilla, pollo, carne, entre otros. Si quieres que sea natural, la puedes elaborar tú mismo con bicarbonato de sodio y agua.

Para cepillar los dientes de tu Malinois, coloca una pequeña cantidad de pasta en el cepillo, luego levanta sus labios y frota con suavidad cada diente, tal como lo harías al cepillarte. No lo hagas vigorosamente ya que puedes causarle molestias y podría alejarse. Si parece inseguro sobre el proceso, déjalo oler y lamer el cepillo y la pasta antes de comenzar. Como siempre, hazle muchos elogios y mimos así lo ayudas a que colabore.

Incluso si le cepillas los dientes todos los días, necesitará chequeos regulares con tu veterinario. La mayoría de los profesionales recomiendan limpiezas dentales cada seis a doce meses. Los adultos sanos no necesitan que los revisen tan seguido, pero los perros mayores requieren visitas más frecuentes. Pregúntale a tu veterinario cada cuanto debes llevarlo. Las limpiezas dentales son un procedimiento simple y seguro en donde lo anestesian por unos momentos. Si tienes alguna pregunta o inquietud, habla con tu veterinario en tu próxima cita.

¿Cuándo es necesaria la ayuda profesional?

No hay un momento específico para buscar ayuda profesional. Ya sea que te estés encargando del acicalamiento tú mismo o quizás prefieres que lo haga un profesional, no dudes en contactar a tu peluquero canino. Los peluqueros son expertos en el manejo de perros inquietos o nerviosos y saben cómo ganarse su confianza. Tienen la habilidad de hacer que un perro rebelde e indisciplinado aprenda a comportarse en solo unas pocas sesiones. De hecho, una vez que tu perro conozca al peluquero, se pondrá feliz cada vez que lo lleves. Pagarle a un peluquero profesional para mantener el pelaje y las uñas de tu Malinois es la mejor opción en el caso de que no estés dispuesto o no puedas hacerlo tú mismo. Solo recuerda tener un presupuesto adecuado, y asegúrate de dar una propina generosa a tu peluquero, incluso si es solo un simple recorte de uñas.

CAPÍTULO 17
Cuidados básicos de salud

Visitas al veterinario

Es fundamental que lleves a tu Malinois a revisiones regulares con su veterinario durante toda su vida. La mayoría recomendarán un examen cada seis a doce meses, dependiendo de la salud y edad de tu perro. Aunque pueda parecer excesivo llevarlo con tanta frecuencia, es importante para detectar cualquier problema antes de que sea grave. Muchas condiciones pueden empeorar rápidamente, por lo que es crucial que sean detectadas temprano. tu Malinois también necesitará tener el calendario de vacunas completo, desparasitaciones y revisiones dentales. Además, ver al veterinario con frecuencia te dará la oportunidad de consultar cualquier inquietud que puedas tener sobre la salud o el peso de tu perro.

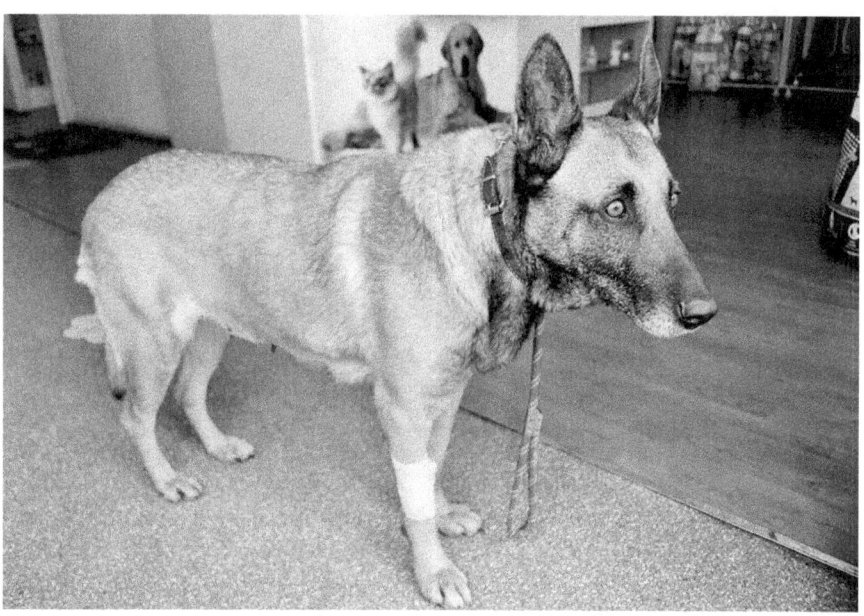

Alergias

Uno de los problemas más comunes que afectan a todas las razas son las alergias. Por lo general, aparecen en perros mayores de seis meses, aunque la mayoría no se diagnostican hasta después del primer o segundo año. Aunque se cree que algunas alergias tienen un componente genético, son resultado de una hipersensibilidad del sistema inmunológico. Los alérgenos más comunes que causan estas reacciones son los alimentos, las plantas, los insectos u otros animales.

Los síntomas pueden variar según la causa de la reacción alérgica. Los más comunes son picazón generalizada o localizada, estornudos, tos y secreción nasal u ocular. Es común que los perros con alergias alimentarias también experimenten vómitos o diarrea. Estas se manifiestan como trastornos digestivos y reacciones más generalizadas, mientras que las reacciones a alérgenos externos como insectos resultarán en picazón o inflamación más localizada. Las que son por inhalación, como el polen, también pueden causar problemas respiratorios.

El tratamiento específico que el veterinario prescribirá dependerá de la causa. Diagnosticar alergias puede ser algo difícil, por eso es importante tener paciencia mientras se determina el motivo. Si tu Malinois es alérgico a cierta proteína, por ejemplo, es posible que debas realizar una dieta de eliminación para determinar el alérgeno específico. Si tiene alergias ambientales, su veterinario puede tratarlo con medicamentos antiinflamatorios o antihistamínicos, orales o inyectables, o champús terapéuticos y pomadas.

Es importante discutir cualquier alergia potencial con tu veterinario lo antes posible porque sin tratamiento, pueden producir irritación severa de la piel, zonas calientes y caída de pelo. Los síntomas respiratorios deben atenderse de inmediato, por lo que si tu Malinois tiene dificultad para respirar debes llevarlo al veterinario urgente.

Pulgas y garrapatas

Los parásitos externos son comunes, pero pueden transmitir enfermedades peligrosas, por eso es importante buscar tratamiento lo antes posible. Muchos pueden afectar no solo a tu perro, sino también a tu familia. Las pulgas suelen portar tenias y bartonelosis y pueden causar anemia. Muchos perros también desarrollan dermatitis alérgica a su picadura, que sucede cuando el sistema inmunológico reacciona a la saliva de la pulga. La dermatitis alérgica puede causar síntomas como inflamación de la piel, picazón severa e incluso caída de pelo. Las garrapatas también son portadoras comunes de enfermedades como ehrlichiosis, fiebre maculosa de las Montañas Rocosas, enfermedad de Lyme y babesiosis. La prevención regular es una parte crucial para mantener a toda tu familia a salvo de enfermedades.

La frecuencia con la que necesitas aplicar la prevención dependerá del clima en el que vives. Si es cálido con inviernos suaves, hay más probabilidades de que tu Malinois tenga problemas de pulgas y garrapatas durante todo el año. En cambio, si es frío, es posible que solo debas tratarlo durante los meses de verano. Es importante tener en cuenta que muchas instalaciones de hospedaje y guarderías caninas requieren que los perros sean tratados contra pulgas y garrapatas, por lo que si tu perro no está al día, es posible que debas hacerlo antes de que se quede en la instalación.

Al decidir qué tratamiento es el mejor, debes preguntarle a tu veterinario qué producto es adecuado para la zona en la que vives y las especies de parásitos a las que tu perro puede estar expuesto. La mayoría se venden en viales de plástico, que se rompen y luego se aplican en la parte superior del lomo. Para que haga efecto, debes separar el pelo y aplicar el producto directamente sobre la piel. Este proceso debe repetirse cada cuatro a seis semanas, dependiendo del medicamento.

La mayoría de los expertos recomiendan evitar los collares antipulgas y garrapatas en lo posible. Aunque pueden ser prácticos, pueden causar problemas, especialmente si tienes otras mascotas en su hogar. El insecticida tetraclorvinphos es un ingrediente común en estos collares y puede causar reacciones graves. Los gatos son muy sensibles a este químico y las reacciones pueden ser fatales. Las más comunes son: pérdida de pelo, irritación de la piel, vómitos y diarrea. Las más graves pueden causar convulsiones e incluso la muerte. La Agencia de Protección Ambiental considera al tetraclorvinphos un carcinógeno, por lo que también estarías exponiendo a los miembros de tu familia a un químico peligroso.

Parásitos internos

La prevención de parásitos internos también debe ser una parte esencial de la rutina de tu Malinois. La mayoría de estos parásitos, como los gusanos, pueden causar problemas de salud graves si no se tratan, por eso es crucial que desparasites a tu perro regularmente. Muchos parásitos internos pueden transferirse de animales a humanos, y los niños pueden ser particularmente susceptibles a la infección.

Los gusanos intestinales son los más comunes. Los cachorros son más propensos a contagiarse de perros adultos en el hogar. Se transmiten cuando uno

Foto cortesía de Elysia Bistriça

consume los huevos o larvas presentes en el agua, el suelo, los alimentos o las heces contaminados. Algunos son: anquilostomas, lombrices intestinales, tenias y tricocéfalos. Protozoos como giardia y coccidia también pueden infectar el tracto digestivo.

Aunque la mayoría afecta el tracto digestivo, los gusanos del corazón se encuentran en el corazón y el torrente sanguíneo. Se transmiten a través de mosquitos por la sangre de animales infectados y no infectados. Es más complicado de tratar que otros parásitos internos y el tratamiento puede tardar meses en finalizar. Durante este tiempo, la actividad del perro afectado debe limitarse ya que los gusanos moribundos pueden bloquear arterias vitales. Las infecciones graves pueden resultar en muerte si no se tratan. Sin embargo, como muchos otros tipos de parásitos, el gusano del corazón es fácil de prevenir administrando una tableta masticable por mes.

Foto cortesía de
Paul Johnson

Los síntomas pueden incluir vómitos, diarrea, pérdida de peso, letargo y tos. Los cachorros y perros con una carga parasitaria alta pueden parecer desnutridos, pero con un vientre inflamado, y pueden padecer de anemia. También es posible que no presente ningún síntoma, por lo que es importante que el veterinario lo revise con regularidad.

La detección de gusanos intestinales y protozoos se realiza a través de un examen fecal, donde tu veterinario examinará una pequeña muestra de las heces de tu perro bajo un microscopio. Los huevos o larvas serán visibles, y se puede determinar el tipo de parásito y qué tratamiento es el adecuado. Para detectar el gusano del corazón, se toma una muestra de sangre y se mezcla con una solución química. Los resultados estarán disponibles después de unos quince minutos. Dependiendo del tipo de parásito, los tratamientos varían entre medicamentos orales o inyecciones, durante un par de días hasta varios meses. Sin embargo, la desparasitación regular y las pruebas frecuentes pueden ayudar a reducir la probabilidad de que tu Malinois desarrolle una infección parasitaria lo suficientemente grave como para afectar su salud.

Vacunaciones

Ya sea que tengas un cachorro o un Malinois adulto, las vacunas serán súper importantes. Las esenciales, como la de la rabia, el parvovirus y el moquillo, se administrarán a lo largo de su vida. Las no esenciales como la de la Bordetella o la leptospirosis también pueden ser necesarias, dependiendo de dónde vivas y el estilo de vida que lleve tu perro.

Las vacunas esenciales generalmente vienen en una sola jeringa que contiene anticuerpos para una variedad de enfermedades. La vacuna DHPP, o vacuna pentavalente, es la más común y protege contra parvovirus, moquillo, hepatitis, parainfluenza y tos por adenovirus. Los cachorros generalmente la reciben a las seis, doce y dieciséis semanas. Como adultos, pueden recibir la vacuna una vez por año o cada tres años, dependiendo de las leyes locales y la recomendación de tu veterinario.

La vacuna contra la rabia es la única que exige la ley en los Estados Unidos y no puede administrarse antes de las 16 semanas. Solo es válida por un año, pero luego puede aplicarse cada tres años, según lo que indique tu veterinario y las leyes locales.

Las no esenciales también pueden ser recomendadas por un profesional y pueden incluir leptospirosis, veneno de serpiente de cascabel, enfermedad de Lyme y Bordetella. Su efecto no suele ser tan duradero como el de las vacunas

Foto cortesía de
Holly Spencer

esenciales, por lo que es importante tener en cuenta que deban administrarse con mucha más frecuencia, algunas cada seis meses.

Las reacciones alérgicas a las vacunas también pueden suceder. Para perros muy sensibles, el veterinario puede recomendar aplicar una a la vez. Algunos síntomas son: hinchazón de la cara o patas, urticaria, letargo, vómitos, e hinchazón y dolor alrededor del sitio de inyección. Las más graves pueden incluir convulsiones y dificultad para respirar, lo que requerirá tratamiento inmediato. Si no sabes cómo reaccionará tu perro a las vacunas, quédate en las cercanías de la clínica durante unos veinte minutos en caso de que desarrolle una reacción. Sin tratamiento inmediato, las reacciones graves pueden poner en peligro la vida.

Dependiendo de dónde vivas, las pruebas de titulación pueden ser una alternativa legal solo a las vacunas esenciales anuales. Se toma una muestra de sangre y se examina para medir los anticuerpos presentes: si los niveles de anticuerpos son lo suficientemente altos, el perro puede omitir la vacuna, pero si son demasiado bajos, deberá ser revacunado. Estas pruebas son más costosas, pero representan una alternativa más segura a las vacunaciones anuales para perros alérgicos.

Alternativas holísticas

Si estás interesado en que tu Malinois lleve un estilo de vida más natural, es posible que consideres encontrar un veterinario holístico. Si piensas que son solo hierbas y acupuntura, puedes llevarte una agradable sorpresa al saber que es una combinación de terapias convencionales y alternativas. Los veterinarios holísticos tienen la misma formación que los tradicionales y tratarán a las mascotas con los mismos medicamentos y procedimientos, pero combinados con terapias alternativas como acupuntura, suplementos herbales y ajustes quiroprácticos.

La medicina holística puede ser muy beneficiosa para perros que sufren de condiciones crónicas o condiciones que han sido difíciles de tratar utilizando terapias tradicionales. Difiere de la medicina convencional ya que trata el cuerpo como un todo, en lugar de partes individuales. Por ejemplo, si tu Malinois tiene un problema en la piel, un veterinario holístico puede optar por usar una combinación de cambios nutricionales, suplementos herbales y medicamentos tópicos. Es decir, trataría de mejorar la salud general con el fin de abordar el problema específico. Aunque siempre se debe buscar un profesional convencional en una emergencia, para los problemas de salud crónicos puede ser útil buscar una solución diferente.

Si deseas encontrar un veterinario holístico en tu ciudad, la Asociación Médica Veterinaria Holística Americana tiene una lista disponible en su sitio web. Podrá buscar por especies y tratamientos específicos. Esto te ayudará a encontrar el veterinario indicado que pueda abordar las necesidades de tu Malinois.

Seguro para mascotas

Mientras que el costo de la atención veterinaria aumenta, muchos optan por contratar un seguro para mascotas. Hay una variedad de compañías que ofrecen pólizas de diferentes coberturas y precios, por lo que si estás interesado, es posible que debas comparar para encontrar el plan adecuado. Es importante tener en cuenta que, según la edad o las condiciones preexistentes del perro, sea más costoso o directamente le nieguen la cobertura. Cada compañía tendrá requisitos diferentes, por eso debes investigar antes de tomar una decisión.

A diferencia del seguro de salud humano, el de mascotas no cubre los costos de atención preventiva. Esos exámenes anuales y vacunas deberán pagarse aparte, aunque pueden existir algunas compañías que ofrezcan cobertura para la atención de rutina, pero las pólizas pueden ser bastante costosas. Sin embargo, si tu perro desarrolla una enfermedad grave o tiene un accidente, cubrirá el costo del tratamiento.

Hay opiniones divididas respecto del seguro de mascotas: algunos dicen que es imprescindible, mientras que otros prefieren ahorrar su dinero cada mes en caso de posibles emergencias. Aquellos que han aprovechado sus beneficios suelen alentar el uso de estos planes, pero los que han abonado las cuotas por años y no lo utilizaron porque su perro siempre estuvo sano, optan por reservar ese dinero cada mes para usarlo en caso de una enfermedad o lesión de emergencia. Depende de ti decidir si el seguro para mascotas es adecuado para tu situación, así que antes de contratar una póliza investiga bien.

CAPÍTULO 18

Problemas de salud en el Malinois

Pruebas genéticas

Aunque el Malinois es una raza que, por lo general, goza de buena salud, las pruebas genéticas son muy importante para eliminar cualquier duda. Las probabilidades de que tu perro herede un trastorno genético dependerán de su línea de sangre. Los criadores responsables trabajan mucho para garantizar que están criando perros saludables. Suelen invertir miles de

*Foto cortesía de
Diana Myers*

Foto cortesía de
Stuart McRae

euros en pruebas para detectar trastornos genéticos y, de esta manera, asegurarse de que ninguno tenga enfermedades antes de incluirlo en su programa de cría. En cambio, los criadores menos acreditados pasan por alto estas pruebas con tal de vender perros con ciertos colores de manto o tamaños, y poder aumentar el precio de sus cachorros.

Las pruebas genéticas las realiza un veterinario mediante una muestra de saliva de tu perro que se envía a un laboratorio para su análisis. Los resultados pueden ser evaluados por el criador o enviados al Centro de Información de Salud Canina para su publicación; al hacerlo, los criadores responsables dejan en claro que no tienen nada que ocultar. Si planeas criar tu Malinois, es muy recomendable que le realices pruebas de trastornos genéticos antes de la reproducción. De lo contrario, estarás faltando al compromiso para mejorar la raza y eliminar cualquier problema genético que afecte al Malinois.

Displasia de cadera y codo

La displasia de cadera es una condición muy dolorosa, común en razas de perros grandes y medianas. La enfermedad puede ser heredada, pero también puede ser causada por factores externos como lesiones o mala nutrición. La

168

Foto cortesía de
Jordyn Verborg

displasia se produce cuando la bola y el encaje de la articulación de la cadera no encajan de manera correcta. La articulación rozará o molerá en lugar de deslizarse suavemente como debería. Esto causará un mayor deterioro y puede provocar una pérdida total de la función de la articulación de la cadera. Entre los síntomas notarás: disminución del rango de movimiento, disminución de la actividad, cojera, rigidez y reticencia a correr o saltar. Algunos perros también pueden mostrar un "paso saltarín único" o atrofia en el músculo del muslo. Este problema puede diagnosticarse mediante exámenes físicos y radiografías. Los tratamientos variarán según la gravedad, pero pueden incluir cambios nutricionales, fisioterapia, medicación o cirugía.

Por su parte, la displasia de codo es similar. Sin embargo, se distinguen diferentes condiciones, como el proceso coronoide fragmentado (FCP, por sus siglas en inglés), la osteocondritis (OCD, por sus siglas en inglés) y las anomalías del cartílago, que especifican la malformación posible. Si no se trata, esta condición empeorará con el tiempo y puede resultar en la pérdida total de la función articular. Los síntomas incluyen cojera y dificultad para pararse o caminar. Como la displasia de codo puede afectar a una o ambas articulaciones, puede ser difícil de detectar cuando la cojera es simétrica.

Problemas oculares

La Atrofia Progresiva de Retina (APR) es una enfermedad ocular genética que puede afectar al Malinois. Es una condición que afecta específicamente a los fotorreceptores del ojo. Existen dos tipos diferentes: la displasia de retina, que se diagnostica en cachorros de aproximadamente dos o tres meses, y la de aparición tardía, que no se diagnostica hasta entre los tres y nueve años. En la forma de aparición temprana, la condición es causada por la malformación de las células fotorreceptoras y puede conducir a la ceguera a una edad temprana. En la forma de aparición tardía, las células fotorreceptoras pueden desarrollarse con normalidad, pero se degenerarán con el tiempo. Uno de los primeros síntomas de la APR es la ceguera nocturna, por lo que, si tu Malinois parece reacio a caminar en la oscuridad o se choca con objetos, puede ser momento de consultar a un oftalmólogo veterinario.

La APR no es una condición dolorosa, pero al ser progresiva, empeorará con el tiempo hasta que el perro quede completamente ciego. Por lo general, toma alrededor de uno o dos años desde el inicio hasta la pérdida completa de la visión, pero puede ocurrir más rápido. Desafortunadamente, esta enfermedad no tiene tratamiento ni cura. Algunos veterinarios pueden recomendar suplementos antioxidantes para ralentizar el deterioro de las células fotorreceptoras,

Foto cortesía de
Kathleen Zafra

pero no hay evidencia que pruebe que esto funciona. La mayoría de los perros pueden seguir viviendo bien sin ver, ya que tienden a depender más de sus otros sentidos. Además, pueden desarrollar un mapa mental de los lugares que conocen que les permitirá manejarse sin problemas. Como la APR es una condición genética, todos los Malinois deben ser examinados, y en caso de que la padezcan, no deben reproducirse.

Prevención de enfermedades

Un buen estilo de vida, atención médica frecuente y una nutrición equilibrada pueden contribuir significativamente a que tu Malinois no tenga problemas de salud graves. Aunque no todas las enfermedades son prevenibles, como guardián de tu perro, es tú responsabilidad proporcionarle el mejor cuidado que puedas darle. Esto incluye alimentarlo con una dieta equilibrada de alta calidad y proporcionarle ejercicio regular, atención veterinaria y aseo.

Las citas veterinarias regulares son uno de los aspectos más importantes. Aunque parezca innecesario llevar a tu perro sano al veterinario una vez cada seis meses, los exámenes y pruebas frecuentes son esenciales para un tratamiento temprano. Muchas enfermedades se desarrollan rápidamente, por lo que es crucial detectarlas en las primeras etapas. Los chequeos regulares con el veterinario también te ayudarán a controlar otros aspectos como el peso, la condición física y el comportamiento. Además, con estas visitas te asegurarás de que tu Malinois esté al día con el calendario de vacunación y los tratamientos de prevención de parásitos.

CAPÍTULO 19
El Malinois Belga en su vejez

"El Malinois envejece con belleza. Mientras otras razas, como el Pastor Alemán, se vuelven apáticas y malhumoradas. La raza Malinois nunca pierde su esencia de 'cachorro'. Mientras su salud lo permita, disfrutan del trabajo, el juego y el ejercicio como siempre lo han hecho".

MARK ROTH JR.
BlackJack Malinois

Fundamentos del cuidado del perro senior

Los Malinois Belgas generalmente se consideran geriátricos, o senior, a partir de los siete años. Esto no significa que comenzará a mostrar signos de vejez en su séptimo cumpleaños, sino que deberías empezar a notar esos signos cuando se acerque a esta edad. Dependiendo de tu Malinois, podría comenzar a disminuir su ritmo a una edad más temprana o podría continuar comportándose como un perro joven y saludable hasta bien entrados sus años senior. Como esta raza tiene una esperanza de vida de 12 a 14 años, puedes comenzar a ver cambios sutiles en su cuerpo y comportamiento aproximadamente a los siete años.

Estos cambios pueden ocurrir de manera progresiva, y quizás ni siquiera los reconozcas al principio. Quizás tu Malinois está durmiendo más o se cansa más rápido durante las caminatas o sesiones de adiestramiento. Algunos perros mayores pueden tener dificultad para levantarse por la mañana debido a la rigidez muscular y articular. El deterioro de la audición y la vista también son comunes en perros senior, por lo que es importante que intentes no asustarlo, en especial si está durmiendo. Algunos pueden subir de peso a medida que su metabolismo se ralentiza, pero también puede suceder que se vuelvan bastante delgados. También requerirán salidas más frecuentes ya que sus vejigas no tienen el mismo poder de retención. Es posible que sufran de disfunción cognitiva, o demencia, por lo que podrás notar cambios de comportamiento o confusión. A medida que notes estos cambios en tu Malinois, es importante hacer que su cuidado se adapte a su mente y cuerpo envejecidos.

Foto cortesía de
Vicky Traxell

Visitas regulares al veterinario

"Presta atención a tu perro y a su cuerpo. Si comienza a ponerse rígido, dale un suplemento para articulaciones, si comienza a perder más pelo, un suplemento de aceite de pescado para el pelaje y más cepillado. Controla sus dientes ya que puede necesitar una limpieza dental a medida que envejece. Reduce sus sesiones de ejercicio si comienzan a disminuir el ritmo. ¡Simplemente ámalo y estate pendiente de él !"

BETH ROOD
Roodhaus Belgian Malinois

Incluso si tu Malinois senior parece sano, la mayoría de los veterinarios recomiendan chequeos más frecuentes a medida que su perro avanza en sus años dorados. Si lo llevabas al veterinario una vez al año, deberías considerar llevarlo cada seis meses aproximadamente. Esto ayudará a detectar cualquier condición en desarrollo temprano y también te dará la oportunidad de discutir los cambios asociados con la edad con tu veterinario. Muchos perros mayores también requieren cuidado dental más frecuente, por lo que deberás hacerle limpiezas dentales más seguido.

Puede ser útil que le pidas consejos a tu veterinario sobre como acompañar a tu Malinois en su transición a la vejez. Te puede sugerir cambios en el ejercicio o la nutrición, y medicamentos para aliviar el dolor de la artritis. También te recomendará que lo lleves más seguido a su consultorio para chequeos.

Cambios nutricionales

A medida que tu Malinois envejece, su metabolismo se ralentizará, y es posible que necesites ajustar la cantidad de calorías que consume cada día. Mientras que un adulto activo puede consumir un número alto de calorías, un perro senior a menudo requerirá un ajuste para mantener un peso saludable. Si no, podría subir de peso, lo que ejerce una tensión excesiva en sus articulaciones. Esto a su vez puede conducir a menos movilidad e incluso más aumento de peso. Para prevenirlo, es crucial que ajustes sus porciones para adaptarse a los cambios en su cuerpo y metabolismo. También puedes cambiarlo a un alimento formulado para perros senior, que contienen menos caloría e ingredientes beneficiosos, como glucosamina, condroitina y fibra.

Aunque el aumento de peso es común en perros mayores, para algunos Malinois Belgas se debe a problemas de salud o cambios en el apetito. Muchos perros senior comenzarán a rechazar sus comidas favoritas, por eso es importante encontrar un alimento que les atraiga, lo que puede significar cambiar su dieta por completo o solo agregar complementos sabrosos. Si tu Malinois ha sido alimentado con croquetas, puedes considerar cambiar o agregar alimento enlatado, o complementar con alimentos crudos o cocidos. Como siempre, si tienes alguna duda sobre la dieta de tu perro senior, es mejor consultar a un nutricionista veterinario para obtener asesoramiento.

Foto cortesía de Erika Martinez

También es importante ajustar la dieta para adaptarse a cualquier condición de salud que pueda haber desarrollado con la vejez. Los perros con problemas cardíacos o renales, por ejemplo, pueden requerir alimento recetado. En el caso de artritis, suplementos como glucosamina, MSM y condroitina, pueden ayudar. Los problemas digestivos también son comunes, así que consulta con tu veterinario sobre la adición de probióticos, enzimas digestivas o fibra . Si notas cambios repentinos en el peso de tu perro, o si parece estar experimentando malestar digestivo con más frecuencia, deberás llevarlo a una consulta lo antes posible para descartar cualquier problema de salud antes de cambiar o ajustar la dieta de tu Malinois.

Ejercitando a tu perro senior

"Los perros mayores no deben realizar ejercicios con impacto, como saltar, y, en lo posible, hacer más ejercicios como natación, para reducir el trauma articular. Los dueños deben conocer a su perro, y saber cuándo ha sido suficiente ejercicio por el día. Por lo general le doy a mi Malinois senior una aspirina (específica para perros) si veo que está con alguna molestia o adolorido, ya que lo alivia. ¡Haz que la vejez de tu Malinois sean años realmente dorados! Esta es una raza muy especial".

RAYMOND FARBER
Farbenholt Kennels

Un metabolismo lento combinado con dolor en las articulaciones significa que tu Malinois comenzará a disminuir su ritmo a medida que alcanza sus años senior. Si tiene ciertos problemas de salud además de los síntomas habituales de la vejez, puede sentir molestias al realizar ejercicio extenuante. Si este es el caso, quizás prefiera estar acostado en el sofá todo el día en lugar de hacer su caminata habitual de fin de semana. Sin embargo, es importante que no elimines toda la actividad física, ya que es esencial para su salud más allá de su edad. Lo que sí, seguro debas hacer algunos ajustes en su rutina, como paseos más cortos y frecuentes, o ejercicios de bajo impacto como la natación.

También es clave que agregues más estimulación mental, que es ideal para mantenerlos activos y ocupados sin esfuerzos innecesarios. No es raro que el cuerpo de un perro senior envejezca más rápido que su mente, por lo que puede disfrutar participando en desafíos mentales como juguetes de rompecabezas o trabajo de olfato.

Es importante ajustar el entorno de tu Malinois senior para proporcionarle un lugar seguro para hacer ejercicio. Los pisos resbaladizos, las escaleras y las superficies duras como el pavimento pueden causarle incomodidad y lesiones. En su lugar, hazlo participar en un juego casual de buscar sobre césped suave o llévalo a nadar al estanque cerca de casa. No solo una superficie más suave reducirá la molestia en sus articulaciones, sino que el cambio de escenario ayudará a que su mente se mantenga sagaz y comprometida.

"Si tu Malinois quiere continuar haciendo actividades, permíteselo. Las actividades pueden ser más limitadas en naturaleza, pero es mejor que continúe teniendo algún tipo de actividad. La mayoría de nuestros perros siguen trabajando en las calles después de los 10 años".

JANET WOLFF
Stahlrosenhof Intl K-9

Cambios ambientales

Si bien cambiar el entorno donde ejercitas a tu Malinois es importante, también puedes necesitar hacer ajustes en tu hogar para proporcionarle un espacio seguro y cómodo. Dado que muchos perros geriátricos no tienen la misma fuerza muscular que solían tener, notarás que se le dificulta subir escaleras o mantener el equilibrio en superficies resbaladizas como madera o linóleo. Para ayudarlo, coloca más alfombras o cómprale unos botines antideslizantes para que tenga un mejor agarre. También hay arneses especiales que lo asistirán en caso de que tenga que subir las escaleras y necesita una ayuda extra.

Los cambios cognitivos pueden hacer que los perros mayores se confundan, así que asegúrate de que tu Malinois no se meta en problemas si olvida dónde está. Ya sea que esté en una escalera, piscina o al aire libre, es importante que siempre lo estés vigilando y limites su acceso a ciertas áreas de la casa para mantenerlo seguro. Si notas que tiene dificultades para subir al sofá o la cama, podrías colocarle unas escaleras o una especie de cajón para que le sea más fácil. Aunque estos cambios no combinen con tu decoración, el bienestar de tu perro siempre debe ser prioridad.

Prepararse para decir adiós

A medida que tu Malinois envejece y su salud se deteriora, es importante comenzar a planificar el final de la vida de tu querido miembro de la familia. Aunque puede ser difícil saber cuándo es el momento de decir adiós, puede suceder de una manera ines-perada, por lo que es impor-tante estar preparado. Su cal-idad de vida siempre debe ser el factor principal para determi-nar si la eutanasia es la mejor opción. Si tu perro ya no parece disfrutar de las cosas como antes, o su sufrimiento es mayor que su disfrute, puede ser hora de decir adiós. A medida que se acerca este momento, es importante que reflexiones sobre la buena vida que le has dado y lo feliz que han sido jun-tos . Despedirse es lo más difícil, pero tener siempre presente la alegría que tu Malinois ha traído a tu familia te ayudará a transi-tar el proceso de duelo.

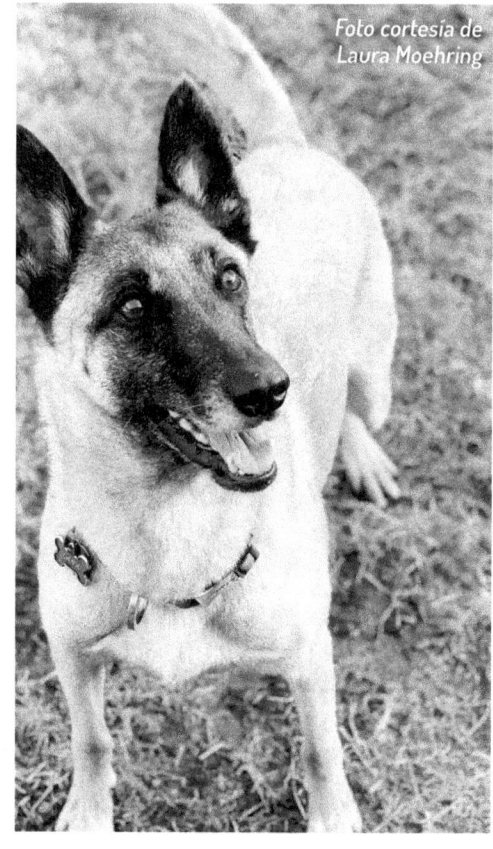

Foto cortesía de Laura Moehring

Mientras que algunos perros fallecen mientras duermen, otros pueden necesitar ayuda para cruzar el puente del arcoíris. La eutanasia es un procedimiento indoloro que lo realiza un veterinario, quien le administra un anestésico (pentobarbital sódico). Una vez en el torrente sanguíneo, el fármaco hace que el perro se duerma pacíficamente antes de detener por completo su corazón. Por lo general, un técnico lo sostiene mientras está acostado para que no haya inconvenientes mientras el veterinario lo inyecta a través de un catéter intravenoso en una de las patas delanteras. En el caso de que esté confundido, asustado o adolorido, se puede usar primero un sedante para tranquilizarlo. Después de que se inyecta el pentobarbital sódico, el perro entra en la inconsciencia y, en menos de un minuto, el corazón se detiene.

Los arreglos finales para tu Malinois pueden ser un tema difícil de discutir en ese momento, así que podría ser útil que tengas todo listo con anticipación. Muchos veterinarios ofrecen servicios de eutanasia tanto a domicilio como en consultorio, por lo que puede decidir dónde prefieres hacerlo. Para algunos, decir adiós en un consultorio puede ser estresante, mientras que otros prefieren no tener el recuerdo de las últimas horas en su casa. Cualquier opción que elijas, tu veterinario y su equipo te darán su apoyo. Han pasado por esto muchas veces y podrán responder cualquier duda que tengas. Lo más importante es que estén todos juntos con tu Malinois. Él encontrará consuelo al saber que sus últimos momentos serán en compañía de aquellos que más ha amado a lo largo de su vida.

Después de decir adiós, tu veterinario probablemente te ofrecerá diferentes opciones para los restos. Si prefieres no ocuparte de ese tema tú mismo, el equipo profesional podrá encargarse. Muchas clínicas también ofrecen servicios de cremación, y puedes elegir si deseas o no que te devuelvan las cenizas. Si sabes que se acerca la hora de decir adiós, trata de considerar las opciones con anticipación para no tener que tomar decisiones de último minuto durante este doloroso proceso.

Duelo y sanación

Los primeros días y semanas después de haber despedido a tu amado Malinois Belga serán muy difíciles, pero se volverá más fácil con el tiempo. Debes encontrar consuelo en que no estás solo, ya que todos aquellos quienes compartieron sus vidas con estos animales pasaron por la misma experiencia. Muchos eligen crear un memorial para sus perros y recordar sus momentos más preciados. Existen joyas personalizadas, piedras de jardín y azulejos para conmemorarlo. También podrías canalizar el dolor ayudando a otros: plantar árboles o jardines, ser voluntario en un refugio de animales o hacer una donación para una causa digna. Todo esto puede ser sanador en tiempos de duelo y tristeza.

Si sientes que no puedes avanzar en el proceso de sanación, podrías buscar las palabras de un consejero o un profesional de la salud mental. Cada persona hace el duelo a su manera, por lo que es importante que encuentres el método que realmente te ayude a superarlo, tanto a ti como a tu familia. Y siempre recuerda: atesora cada momento compartido con tu querido Malinois Belga, así como el amor incondicional que siempre te brindó.

www.ingramcontent.com/pod-product-compliance
Lightning Source LLC
Chambersburg PA
CBHW071742120626
46550CB00002B/635